TECHNIQUE & PRATIQUE
Collection dirigée par Emmanuel Cornet et Alexandre Hérault

Logiciels libres Open source

qu'est-ce que c'est?

BENOIT CHEVALIER
Consultant
Ancien élève de l'École Normale Supérieure

H&K

L'auteur souhaite exprimer ses vifs remerciements aux personnes qui l'ont aidé dans la réalisation de ce projet, notamment Guillaume Allègre, Sébastien Blondeel, Agnès Chevalier, Céline Chevalier, Marie-Thérèse Chevalier, Emmanuel Cornet, Anne Debrosse, Sébastien Desreux, Alexandre Hérault, Samuel Mimram, Violaine Nicaud, Thomas Pornin, Stéphane Ravier et Stéphane Tougard.

ISBN 2 914010 64 8
Dumas-Titoulet imprimeurs – 42000 Saint-Étienne
Dépôt légal : juillet 2005

68 boulevard de Port-Royal, 75005 Paris

Avant-propos

On pourrait dire qu'il y a deux points communs majeurs entre l'amour et les logiciels libres. D'abord, des quantités de gens en ont peut-être sous les yeux tous les jours sans s'en rendre compte et sans les « voir » ; ensuite, les informations objectives et sans parti pris disponibles sur les deux sujets sont rares.

Les logiciels libres, *free software* ou *open source* en anglais, constituent un ensemble de programmes informatiques de grande qualité créés par des bénévoles diffusant largement leurs « secrets de fabrication » sur Internet.

Tout cela mérite une explication : pourquoi des experts en informatique et même des entreprises fourniraient-ils gratuitement le fruit de leur travail ? Est-ce qu'il s'agit d'une « nouvelle économie » – d'ailleurs, en quoi est-elle nouvelle ? Et pourquoi des gens continuent-ils alors à travailler avec des logiciels très chers s'il en existe de beaucoup moins chers de qualité aussi bonne voire meilleure, qui ont été choisis par des pays comme la Chine, le Brésil et le Pérou ?

Cette explication, vous l'avez à présent entre les mains.

Nous allons dans les pages qui suivent retracer l'histoire de cette idée puis nous décrirons les atouts (nombreux), les faiblesses (il y en a) et l'économie des logiciels libres, pour pouvoir répondre non seulement à la question « qu'est-ce que c'est ? » mais aussi, finalement, à « ai-je, en pratique, intérêt à utiliser ces logiciels ? » pour chaque catégorie d'utilisateur.

Tous les termes utilisés ici, indiqués à leur première occurrence dans le texte en PETITES CAPITALES, sont repris dans un glossaire à partir de la page 115. Nous vous invitons à vous y référer à volonté, dès maintenant si nécessaire.

Délibérément, nous n'avons voulu faire ni un manifeste pour les LOGICIELS LIBRES, ni un pamphlet contre leur DÉVELOPPEMENT. De la sorte, ce livre est très différent de la quasi-totalité des sites internet et des quelques ouvrages déjà disponibles sur le sujet. En résumé : nous vous fournissons les informations, vous vous faites votre idée.

Ce livre n'est pas non plus un livre sur LINUX. Linux est un logiciel libre très important, et l'un des plus connus, mais c'est aussi l'arbre qui cache la forêt : le monde des logiciels libres ne se limite pas du tout à Linux.

Ce livre s'adresse aussi bien aux curieux désireux de mieux comprendre le phénomène qu'aux informaticiens qui veulent en savoir plus, et également aux décideurs qui cherchent à augmenter l'efficacité de leurs équipes ; enfin, à tous ceux qui ont entendu parler des logiciels libres et qui se demandent si c'est ou non adapté à leur usage ou leurs besoins.

Nous espérons que vous aurez autant de plaisir à lire cet ouvrage que nous en avons eu à l'écrire ; nous savons qu'il vous sera utile en pratique. Vos critiques comme vos éloges nous aideront à l'améliorer encore. N'hésitez pas à en faire part à l'éditeur, à l'adresse

`contact@H-K.fr`

Si vous rencontrez ce que vous estimez être une erreur ou une imprécision gênante dans l'ouvrage, nous vous serions reconnaissant de nous en faire part également.

Bonne lecture !

Benoît Chevalier

Table des matières

Annexes

CHAPITRE 1

Qu'a-t-on le droit de faire avec un logiciel ?

Ce qui était encore de la science-fiction pour nos grands-parents est devenu une banalité : l'informatique est partout. Du suivi des bouteilles de lait d'un supermarché à l'injection de l'essence dans le moteur d'une voiture, les machines interviennent dès qu'il faut traiter une information.

On devine sans peine que les LOGICIELS qui pilotent ces machines ont une grande valeur commerciale. Les entreprises qui se spécialisent dans la réalisation de logiciels[1] considèrent ces derniers comme leur propriété et leur secret le plus précieux.

Pourtant, l'entreprise qui écrit un logiciel n'est pas toujours la seule à l'employer : Microsoft a créé les SYSTÈMES D'EXPLOITATION de la famille WINDOWS mais tout le monde a le droit de les utiliser (moyennant finance). Comment protéger un secret dans ces conditions ?

À l'inverse, il existe des logiciels dont le fonctionnement interne est bien connu et ne cache aucun secret industriel. Vous en connaissez probablement certains, dont les noms sont de plus en plus fréquemment cités dans la presse : Linux, FIREFOX, THUNDERBIRD, APACHE ou OPENOFFICE en sont des exemples. On les appelle les logiciels libres.

Avant d'être en mesure de vous exposer ce qui fait leur spécificité, il nous faut revenir un peu en arrière : comment font les entreprises pour diffuser à tout le monde leurs logiciels sans révéler en même temps leur recette de fabrication ?

1. Par exemple Microsoft, Adobe, Electronic Arts, etc.

1.1 Qu'est-ce qu'un logiciel ?

Un logiciel (on dit parfois aussi une application ou un PROGRAMME) est un ensemble de codes et d'instructions destinés à être lus et utilisés par un ordinateur, qu'il s'agisse d'un ordinateur avec écran, clavier et souris, ou de l'ordinateur de bord d'une voiture.

a. Le code source et le binaire

Les analogies pour décrire le fonctionnement d'un ordinateur sont nombreuses, nous retiendrons ici celle du pont[2].

Pour construire un pont, il y a d'abord une phase de conception détaillée : définition du projet, premiers plans, validation par le calcul, maquette, etc. Ce processus coûte cher en temps et en salaire des ingénieurs, mais cependant dix fois moins que la construction du pont lui-même. La phase de construction fait appel à des entreprises spécialisées qui vont appliquer les instructions figurant dans les plans.

De même, pour « fabriquer » un logiciel, il y a une phase de conception, de rédaction d'instructions, et enfin la construction d'un résultat vraiment utilisable, c'est-à-dire utilisable par l'ordinateur. Cette dernière phase est très rapide (entre quelques secondes et quelques minutes) et s'appelle la COMPILATION. Elle est réalisée au moyen d'un logiciel particulier qui s'appelle le COMPILATEUR.

Mais elle doit être faite à partir d'instructions extrêmement détaillées, d'autant plus détaillées en fait que le processeur d'un ordinateur n'a pas d'opinion sur les ordres qu'on lui donne et ne sera généralement pas capable, au contraire d'une entreprise de travaux publics, de pointer une erreur dans les documents fournis.

Conclusion : c'est la construction qui coûte le plus cher et demande le plus de travail pour le pont, alors que pour le logiciel, la quasi-totalité du coût de la création est dans la partie conception.

2. Proposée par Jack Reeves dans son article *Code as design*.

L'ensemble des instructions servant à fabriquer un logiciel s'appelle le CODE SOURCE, tandis que le logiciel « fabriqué » et utilisable par l'ordinateur se nomme le code binaire ou simplement le BINAIRE.

Concrètement, le code source d'un logiciel est le texte qu'un programmeur tape sur son clavier. Il comporte souvent un grand nombre de COMMENTAIRES écrits par l'auteur et destinés à en faciliter la lecture. Il est dans ce cas relativement facile à un programmeur professionnel de retrouver une information ou la partie à modifier dans un code source, même s'il n'en est pas l'auteur.

Le code source est rédigé dans un langage de programmation informatique. Il existe un grand nombre de langages possibles mais dans la plupart des cas il s'agit d'une suite d'algorithmes mathématiques et de mots de liaison en anglais.

Voici un exemple de code source, écrit dans le langage de programmation C. Le programme ci-dessous calcule 2^{10}, c'est-à-dire 2 à la puissance 10 :

```
int main() {
    int i;
    int res = 1;
    for (i = 1; i <= 10; i = i+1) {
        res = 2*res;
    }
    return res;
}
```

La compilation consiste à traduire ce code en une suite de commandes très simples exécutables avec une grande rapidité par le processeur mais presque illisibles par l'homme, même par un programmeur professionnel[3].

3. Nous ne vous en donnons pas d'exemple ici mais il est possible d'« entendre » du binaire en écoutant les bruits d'un modem analogique en train de se connecter à Internet par une prise téléphonique. C'est tout à fait aussi incompréhensible que ça en a l'air.

b. Ce que l'on achète quand on achète un logiciel

La plupart des logiciels que vous pouvez acheter dans un magasin ou sur Internet sont distribués sans leur code source. C'est en général uniquement le binaire que l'on trouve sur le CD-ROM d'installation. Le code source reste alors la propriété et le secret de l'éditeur du logiciel. Le jargon informaticien appelle cela un logiciel PROPRIÉTAIRE.

Il est en général illégal de copier un tel logiciel. La loi française autorise la création d'une unique copie, et seulement à des fins de sauvegarde ; le logiciel et sa copie ne peuvent être utilisés simultanément. Et il n'est évidemment pas envisageable de tenter de l'améliorer sans avoir accès au code source[4].

La plupart des clients, bien entendu, n'ont pas besoin du code source et n'ont de toute façon aucune intention d'étudier le fonctionnement interne du logiciel, de même que la plupart des amateurs de musique ne demandent pas à avoir la partition livrée avec leur disque.

Cependant, même sans être informaticien, les utilisateurs apprécieraient de pouvoir dupliquer les logiciels qu'ils ont achetés et aimeraient aussi que les éventuelles erreurs soient corrigées rapidement : dans le cas des logiciels propriétaires, tout cela est interdit.

En effet, aussi étrange que cela puisse paraître au premier abord, le droit qui s'applique aux logiciels est le droit d'auteur, et plus particulièrement, en France, le très restrictif droit de la PROPRIÉTÉ INTELLECTUELLE, qui donne à l'auteur d'un logiciel les mêmes prérogatives que celles que l'auteur d'un livre ou d'une chanson a sur le fruit de son travail[5].

---

4. En fait, il est possible de retrouver une certaine forme de code source à partir du binaire, opération qui s'appelle le DÉSASSEMBLAGE ou *reverse engineering* ; mais cette opération ne peut être faite que par un informaticien très spécialisé, demande des semaines ou des mois de travail même pour un logiciel relativement simple, et dans le cas d'un logiciel propriétaire elle peut être illégale.

5. Un projet de droit spécifique aux logiciels a été abandonné en 1983.

Afin que vous puissiez utiliser un logiciel, l'auteur doit vous transmettre certains de ses droits dans le cadre d'un contrat : la LICENCE. C'est le texte qui apparaît au moment où l'on installe le logiciel et que la plupart des utilisateurs ne lisent jamais, se contentant de cliquer sur les mots « J'accepte » pour pouvoir passer à l'étape suivante. On ne peut pas utiliser un logiciel si l'on n'accepte pas sa licence.

Si aucune licence n'accompagne le logiciel, celui-ci n'est donc pas utilisable, à moins que l'auteur n'ait pas non plus mis de *copyright* afin que son logiciel tombe dans le DOMAINE PUBLIC et soit utilisable par tous sans limitation[6].

Les licences de la plupart des logiciels vendus dans le commerce restreignent très fortement l'usage qui peut être fait de ceux-ci, par exemple en limitant l'utilisation aux étudiants, alors que la version utilisable par tous – et techniquement identique – coûte sensiblement plus cher.

Elles interdisent le plus souvent d'étudier le fonctionnement du logiciel et limitent drastiquement la responsabilité de l'éditeur en cas de dommage résultant de l'utilisation de son produit.

En résumé, dans le cas d'un logiciel propriétaire, vous n'achetez pas vraiment le logiciel lui-même ; tout ce que vous pouvez acheter, c'est le droit de l'utiliser.

1.2 Qu'est-ce qu'un logiciel libre ?

Le système des logiciels propriétaires ne convenait pas à certains auteurs, qui ont voulu donner aux utilisateurs de leurs programmes des droits beaucoup plus étendus.

C'est précisément pour cela que la notion de logiciel libre a été créée dans les années 1980.

6. La même chose est arrivée à la suite d'une erreur au film *La Nuit des morts-vivants* de G. Romero : certaines copies envoyées aux salles de projection ne mentionnaient aucun *copyright*, elles sont donc automatiquement tombées dans le domaine public et ont été diffusées sans que l'auteur puisse revendiquer le paiement de ses droits.

Les deux idées fondamentales du logiciel libre sont :

- de rendre accessible[7] le code source ;
- de soumettre le logiciel à une licence permettant de le modifier et de redistribuer des modifications.

Ces deux conditions ne sont pas toujours indissociables :

	Licence libre	Licence non libre
Code source disponible	Logiciels libres : Apache, PERL...	Logiciels non libres : Java, PGP...
Code source confidentiel	impossible	Logiciels propriétaires : Photoshop, Powerpoint...

La conjonction de la disponibilité du code source et de l'autorisation de le modifier et de le redistribuer vous permet de faire et de diffuser – en toute légalité – toutes les vérifications, corrections et améliorations dont vous pouvez avoir besoin du moment que vous en avez la compétence.

Cela ne concerne pas uniquement les informaticiens, car si eux seuls sont capables de faire des modifications dans le code source du logiciel, tous les utilisateurs peuvent par la suite télécharger gratuitement sur Internet la version corrigée ou améliorée. Vous pourrez donc, quelle que soit votre spécialité, bénéficier du système. Et si vous êtes un décideur au sein d'une entreprise ou d'une administration, vous pouvez également demander à l'un de vos salariés ou à un consultant d'ajouter une fonction à un logiciel libre.

7. Il peut être soit fourni avec le binaire soit aisément téléchargeable.

a. Définition d'une licence libre

Il y a plusieurs définitions précises possibles pour une LICENCE LIBRE[8], mais toutes s'accordent sur les trois grands critères suivants :

Une licence libre permet à tous d'utiliser le logiciel

Une licence libre ne peut donc pas interdire certains usages du logiciel, ni réserver celui-ci à une certaine catégorie d'utilisateurs comme les étudiants, ou encore à un usage non commercial.

Elle permet d'étudier et de modifier le code source

Le code source est soit fourni avec le logiciel, soit aisément téléchargeable sur Internet.

Si vous avez acheté ou téléchargé un logiciel libre et son code source, et si vous en avez la compétence, vous pourrez à volonté étudier le fonctionnement interne du logiciel, tenter de corriger d'éventuelles erreurs, d'ajouter les fonctions dont vous avez besoin, etc. Vous n'aurez alors plus qu'à compiler à nouveau le code source pour obtenir un binaire tout neuf et meilleur.

Ce droit permet également d'insérer des parties du code source d'un logiciel libre dans un autre logiciel.

Elle donne le droit de diffuser le logiciel et ses modifications

Cette condition signifie non seulement que vous pouvez copier librement un logiciel libre, mais aussi que vous pouvez le modifier et diffuser des versions modifiées.

C'est sur la base de ce droit que se sont constituées des équipes de programmeurs (parfois plusieurs centaines de personnes issues des cinq continents) autour de certains logiciels libres. Dans ce cadre, chacun apporte sa contribution à une partie du logiciel et la communique à tous par Internet, tout en bénéficiant des améliorations apportées par les autres.

---

8. C'est-à-dire une licence qui fait du logiciel qui lui est soumis un logiciel libre.

b. Ce qui n'est pas inclus dans la définition

La gratuité

Nous en savons assez à présent pour liquider le mythe de la gratuité. Si beaucoup de logiciels libres sont téléchargeables gratuitement sur Internet, d'autres sont payants, et il existe également des logiciels gratuits dont le code source n'est pas accessible : les FREEWARES[9], qui sont toujours gratuits, et les SHAREWARES, qui sont gratuits pendant une « période d'essai » après laquelle l'utilisateur est invité à payer s'il continue à se servir du logiciel.

	Logiciels payants	Logiciels gratuits
Logiciels propriétaires	Logiciels commerciaux : MACOS, Word, Windows...	*Freewares* : Acrobat Reader, Kazaa...
Logiciels libres	Distributions : MANDRIVA, REDHAT, GNU Ada...	Logiciels libres téléchargés : OpenOffice, Firefox...

Pour citer l'analyste financier George Weiss : « [...] si les investisseurs se sont impliqués dans le développement de Linux, c'est pour réaliser des profits. Ils y réfléchiront à deux fois avant de parler de gratuité à leurs actionnaires. »

Le même logiciel, d'ailleurs, peut être gratuit ou payant selon le cas : ainsi, même si vous pouvez télécharger le logiciel libre Linux gratuitement, cela peut valoir la peine de dépenser quelques euros ou dizaines d'euros pour acheter en magasin un disque comprenant Linux et d'autres applications formant un ensemble, fournis avec une documentation et un

9. Ou graticiel, si l'on tient à utiliser un terme français très peu connu. Par exemple, le logiciel de téléchargement sur Internet KAZAA est gratuit, mais son code source n'est pas public. S'il l'était, des programmeurs auraient eu tôt fait de l'« améliorer » en supprimant le sous-programme GATOR, qui affiche de la publicité à toute occasion.

contrat d'assistance technique. Des éditeurs comme Redhat, Mandriva, ou encore Novell avec la distribution SuSE se sont spécialisés dans ce type de produits.

Le copyleft

Certaines licences libres comportent une caractéristique vraiment particulière, le COPYLEFT[10]. Si du code source issu d'un logiciel soumis à une telle licence est réutilisé dans un autre programme, l'ensemble du résultat devient automatiquement libre et soumis à la même licence.

Les licences appliquant le principe du *copyleft* sont souvent qualifiées par leurs détracteurs de licences « virales », dans la mesure où le caractère libre d'un segment de code régi par ce type de licence va d'après eux « contaminer » et rendre automatiquement libre tout logiciel dans lequel il est intégré.

Soyons clairs : un logiciel développé dans un environnement complètement libre et compilé avec un compilateur sous licence GPL n'a pas besoin d'être à son tour soumis à la licence GPL.

En revanche, le logiciel passe automatiquement sous licence libre dès lors qu'une ligne de code source sous licence de type *copyleft* est intégrée dans le programme. Cette intégration ne se produit pas à l'insu du programmeur (ce que le terme de licence « virale » pourrait suggérer), bien que ce dernier puisse parfois espérer que cela « ne se verra pas ».

Le domaine public

Certains auteurs de logiciels ont fait le choix de n'associer aucune licence ni aucun *copyright* à leur travail, qui appartient alors au domaine public, libre de droit, et utilisable par tous sans aucune condition. C'est une forme extrême de logiciel libre, pas du tout le cas le plus fréquent.

---

10. Il s'agit d'un jeu de mots : puisque le *copyright* est le droit d'auteur, le *copyleft* est donc le « gauche d'auteur ».

c. Licence « libre » ou « open source »

Les trois principes que nous avons vus précédemment pour définir une licence libre ont été exprimés canoniquement par deux associations basées aux États-Unis qui font autorité dans le domaine des logiciels libres.

La première de ces associations, la *Free Software Foundation* ou FSF[11] parle des logiciels soumis à des licences libres sous la terminologie FREE SOFTWARE. Ceci peut cependant prêter à confusion en anglais pour les non-spécialistes car le mot *free* signifie « libre » mais également « gratuit ».

La seconde, l'*Open Source Initiative*, ou OSI[12] préfère la terminologie OPEN SOURCE pour éviter toute ambiguïté et dans le but de rassurer les acteurs économiques sur la valeur commerciale des logiciels libres.

> « [...] Trop de gens voient les choses comme une guerre des logiciels libres contre les "forces du mal propriétaire". [Dépasser, ou non, cette vision] est d'ailleurs, pour autant que je sache, la vraie distinction entre les mouvements "open source" et "free software". »

Linus Torvalds

Ces termes sont donc historiquement liés aux associations correspondantes[13].

Cependant, pour tous les usages pratiques, ils sont synonymes. Nous utiliserons donc désormais les expressions « licence libre » et « logiciel libre » mais en recommandant « open source » pour un usage en anglais afin d'éviter la confusion avec les *freewares*.

Maintenant que la définition est posée, nous avons fait le premier pas. Les suivants vont nous permettre de voir d'où vient la notion de logiciel libre, puis tout ce qu'elle signifie en pratique.

11. Fondation du logiciel libre.
12. Littéralement, « initiative du code source ouvert ».
13. Quelques militants de la FSF particulièrement radicaux considèrent même que la notion de *copyleft* est incluse dans le terme *free software*.

CHAPITRE 2

Bref historique des logiciels libres

2.1 Une pratique issue du monde universitaire

Le premier ordinateur, le Colossus, a été conçu dans le plus grand secret en Angleterre en 1936. Utilisé par les militaires, il servait à percer à jour les codes secrets de leurs ennemis.

Cette technologie, stimulée par les besoins de la Seconde Guerre mondiale, est devenue accessible à la recherche civile à partir de 1945. Dès 1950, plusieurs universités américaines disposaient de gros ordinateurs (ils occupaient souvent des pièces entières) utilisés par les chercheurs dans leurs travaux scientifiques.

Jusque dans les années 1960, les logiciels étaient spécifiques à chaque modèle d'ordinateurs. Les gens qui les utilisaient disposaient le plus souvent du code source, soit qu'il ait été fourni avec le matériel informatique, soit qu'ils l'aient simplement écrit eux-mêmes. Dans tous les cas, le statut juridique du logiciel et de son code source restait assez flou et la circulation d'informations et de morceaux de programmes entre les différents laboratoires était une pratique courante.

Même quand les ordinateurs ont commencé à devenir de plus en plus standardisés, les codes sources ont continué à être librement échangés entre les équipes, comme le sont traditionnellement les résultats des recherches dans le monde universitaire.

À l'origine de l'informatique, les logiciels étaient donc plutôt « libres », mais personne ne s'en préoccupait vraiment.

C'est en 1975 que BELL LABS, le département de la recherche du géant des télécommunications américain AT&T, commercialisa Unix, le premier système d'exploitation compatible avec un grand nombre de modèles d'ordinateurs différents. Ce fut aussi l'un des premiers logiciels non libres puisque, bien que fourni aux universitaires avec son code source pour une somme modique, Unix ne pouvait officiellement pas être copié sur plusieurs ordinateurs.

Ce revirement a été globalement peu apprécié des chercheurs, d'autant que nombre d'entre eux avaient collaboré bénévolement à la création d'Unix.

C'est ainsi qu'est né le besoin d'une règle du jeu qui permette de définir les droits attachés à un programme.

Il s'agissait d'abord d'éviter que ne se reproduise l'épisode Unix et donc de protéger les auteurs contre l'appropriation de leur travail par des sociétés commerciales. Mais la règle devait aussi autoriser une large diffusion du code source et de ses modifications pour que de nombreux programmeurs puissent travailler en même temps sur un même projet et bénéficier des améliorations proposées par les autres.

2.2 Apparition des licences libres

Les règles juridiques qui protègent un logiciel sont celles de la propriété intellectuelle et du droit d'auteur[1].

Tout logiciel doit être accompagné d'une licence dans laquelle l'auteur du logiciel ou l'éditeur représentant un ou plusieurs auteurs précise quels droits il vous cède quand vous utilisez son logiciel.

---

1. Dans tous les pays. Mais comme le droit d'auteur est légèrement différent d'un pays à l'autre, la situation peut varier suivant l'endroit où elle est appréciée : par exemple, un Français a le droit de faire une copie de sauvegarde d'un logiciel alors qu'un Américain n'y est pas autorisé. L'annexe B, page 107, décrit en détail la législation française.

a. L'imprimante de Richard Stallman

Malgré son statut de logiciel propriétaire, Unix fut utilisé dès sa mise sur le marché par nombre de chercheurs. Ceux-ci considéraient que les avantages d'un système standardisé méritaient de bourse délier.

C'est seulement aux alentours de 1980 que Richard Stallman, chercheur au MIT (*Massachusetts Institute of Technology*), est confronté au problème qui fera naître le mouvement du logiciel libre : son imprimante ne marche pas. Plus précisément, il a un problème avec le PILOTE, logiciel fourni par le fabricant de l'imprimante et qui permet à l'ordinateur de communiquer avec celle-ci.

Richard Stallman tente de modifier le pilote de l'imprimante, mais découvre avec horreur que le logiciel lui a été fourni uniquement sous forme binaire. Sans code source, pas de correction possible. Il contacte alors un laboratoire de recherche qui travaille avec le fabricant de l'imprimante incriminée, Hewlett-Packard, et qui dispose du fameux code source du pilote de l'imprimante. Mais il essuie un refus : le laboratoire s'est engagé par contrat auprès du constructeur à ne pas diffuser le code source.

De cet incident, qui lui a fait prendre conscience du problème posé par les logiciels propriétaires, va découler l'engagement de Stallman dans la création et la promotion de logiciels dont le code source est disponible et modifiable. C'est ce qu'il appellera lui-même les logiciels libres.

b. La *Free Software Foundation*

En 1983, Richard Stallman démissionne du MIT et lance GNU[2], un projet de développement d'un environnement informatique compatible avec Unix mais entièrement libre[3].

---

2. Il s'agit d'un jeu de mots récursif : les lettres GNU sont les initiales de *Gnu is Not Unix*, ou en français « Gnu N'est pas Unix ».

3. Le succès n'est que partiel : le cœur du système prévu, Hurd, ne verra pas le jour.

En 1985, il crée la *Free Software Foundation*, sorte d'association à but lucratif destinée à être, en même temps, la représentation officielle du mouvement du logiciel libre et la structure commerciale de diffusion des logiciels du projet GNU[4].

La tête de gnou, emblème du projet GNU
dessiné par Peter Gerwinski

Les bases de la FSF sont pratiques mais aussi largement éthiques, voire idéologiques, prônant comme des libertés fondamentale de l'être humain la libre circulation des informations et la transparence du code des logiciels. Comme le souligne Stallman lui-même, « de même qu'il existe la liberté d'expression et la liberté de se réunir, il y a la liberté de partager de l'information d'intérêt général. Ce droit devrait être inaliénable ».

c. La licence GPL

Les principes fondateurs de la FSF se retrouvent dans la publication de la licence officielle du projet GNU, la *General Public License* (ou GPL), en 1989 puis dans sa version définitive[5], dite version 2, en 1991. La licence GPL est utilisée

4. Stallman demandait, dans les débuts de ce projet, 150 dollars américains pour chaque envoi d'une archive par la poste sur bande magnétique. Aujourd'hui, cet aspect commercial est atténué, de fait, par la diffusion gratuite sur Internet de la plupart des logiciels libres.

5. Définitive au moins pour le moment, puisque des discussions en cours à la FSF envisagent la création d'une nouvelle version de la GPL.

aujourd'hui par 70 % des logiciels libres, y compris par le système d'exploitation Linux et le logiciel de retouche d'images Gimp.

La GPL est une licence soumise au *copyleft*, qui transforme tout logiciel intégrant du code source régi par cette licence en logiciel libre sous licence GPL. Avec ce système, un logiciel peut d'ailleurs se retrouver soumis à deux licences à la fois[6].

À l'origine, le *copyleft* avait été créé pour deux raisons : primo, éviter que les contributions de bénévoles fassent l'objet d'une appropriation par un éditeur de logiciels propriétaires ; secundo, éviter la création de codes sources composites alternant les parties libres et non libres.

Dans la pratique, et on peut le comprendre, le *copyleft* a surtout engendré la méfiance chez les gros éditeurs de logiciels commerciaux traditionnels, qui craignaient que leur production ne se retrouve automatiquement sous licence GPL à cause de quelques lignes sous GPL recopiées par un développeur.

Exemple de mise en œuvre concrète du copyleft

Le 20 mars 2003, le plus important fabricant de routeurs (ordinateurs servant à faire l'aiguillage des données sur Internet) du monde, CISCO, pour conforter sa position de numéro un, rachète la très innovante société LINKSYS, en fort développement dans le secteur des réseaux sans fil.

En juin de la même année, les forums consacrés aux logiciels libres commencent à diffuser entre spécialistes une information sur la présence de code source issu de Linux dans les commandes internes du matériel de LINKSYS. Or, Linux étant sous licence GPL, si tel est le cas, la société devrait alors diffuser son matériel avec le code source de l'ensemble des logiciels utilisés en lien avec le code libre en question.

6. Si elles sont contradictoires, le logiciel peut devenir inutilisable.

Un mois plus tard, CISCO et sa filiale LINKSYS admettent finalement la présence de code Linux dans les matériels produits par cette seconde société et se plient aux clauses de la licence GPL sans tenter de recours en justice.

d. Les autres licences

La licence LGPL

En complément de la licence GPL, la FSF a publié en 1991 la LGPL, pour *Library GPL* (licence publique générale de BIBLIOTHÈQUES) avant que son nom ne prenne le sens définitif de *Lesser GPL* (licence publique moins générale). La LGPL comporte une clause de type *copyleft* mais atténuée, ce qui permet de lier dans une certaine mesure logiciels libres et logiciels commerciaux. La FSF a par la suite changé de politique et recommande à présent aux programmeurs de bibliothèques nouvelles de ne pas utiliser la LGPL qu'elle avait pourtant créée[7]. Cependant, cette licence est encore celle de plus de 10 % des logiciels libres.

La licence BSD

Parallèlement à la GPL, la licence du projet BSD (Berkeley Software Design), publiée en 1989, existe en deux versions, avec ou sans l'obligation de citer les auteurs du code que l'on réutilise, mais dans tous les cas n'inclut aucune clause de *copyleft*. Elle est aujourd'hui utilisée par environ 10 % des logiciels libres. Elle a été créée par l'université de Berkeley en Californie pour permettre la diffusion du travail des chercheurs en informatique.

Vous pourrez vous référer à l'annexe A, page 103, pour plus de détails techniques et pour les références des textes complets des licences GPL, LGPL et BSD.

---

7. En prenant cette position, la FSF donne en fait la priorité absolue au système du *copyleft*.

Une multiplicité d'autres licences

De nombreuses licences libres ont été publiées depuis cette époque. Aucune n'est plus « libre » qu'une autre mais elles peuvent être plus ou moins adaptées à tel ou tel usage et sont souvent spécifiques à des logiciels libres importants.

Ainsi, la licence Artistic est celle du langage de programmation Perl, la MOZILLA *Public License* (MPL) est celle des logiciels Firefox et Thunderbird, la licence Apache est celle du logiciel du même nom, la IBMPL est la licence des projets de développement libres d'IBM, etc. Ces licences sont bien connues par les utilisateurs de logiciels libres et concernent chacune un petit nombre de programmes. Tous les programmeurs peuvent les utiliser pour leurs propres créations[8].

À coté de cela, un grand nombre de logiciels libres de petite diffusion ont été distribués avec une licence écrite spécialement par le développeur pour ce programme particulier. Ces licences peuvent à l'occasion être nécessaires pour répondre à un besoin très précis mais engendrent le plus souvent la méfiance de la part des utilisateurs. Beaucoup de logiciels développés sous licence spécifique et qui ont connu le succès ont d'ailleurs fini par passer sous une licence plus standard, en général la GPL ou la BSD suivant que l'auteur souhaitait ou non que son code soit soumis au *copyleft*.

e. La naissance de Linux

1991 est aussi l'année où le monde du logiciel libre voit arriver Linus Torvalds, un étudiant finlandais de deuxième année d'informatique à l'université d'Helsinki. Il annonce le 25 août sur un forum informatique, dans un message devenu par la suite célèbre, qu'il a programmé un système d'exploitation entièrement libre[9].

---

8. Il existe de rares exceptions comme la licence *NASA Open Source Agreement* qui précise qu'elle est réservée aux logiciels écrits à l'origine par des agences gouvernementales américaines.

9. Un certain nombre de systèmes antérieurs étaient cependant déjà disponibles avec leur code source, comme MINIX, œuvre du professeur

Un document historique

Le premier mail de Linus Torvalds concernant Linux

« Bonjour tout le monde utilisateur de Minix. »

« Je suis en train de faire un système d'exploitation (gratuit) (juste un passe-temps, ça ne sera jamais important et professionnel comme GNU) pour des clones de PC 386 (486). Cela mûrit depuis avril, et commence à être prêt. J'aimerais des idées sur ce que les gens aiment ou non dans Minix, car mon système y ressemble un peu (même structure du système de fichiers [pour des raisons pratiques] entre autres). »

« J'ai déjà porté [...] GCC (version 1.4), et les choses ont l'air de fonctionner. Cela implique que j'aurai quelque chose d'utilisable dans quelques mois, et j'aimerais savoir quelles fonctions intéressent le plus de gens. Toutes les suggestions sont bienvenues, mais je ne promets pas que je les développerai :-) »

Linus (`torvalds@kruuna.helsinki.fi`)

À partir de 1991, les développeurs de logiciels libres, qui travaillaient auparavant souvent sous Unix, peuvent enfin espérer s'affranchir du dernier élément propriétaire de leur architecture logicielle. Linux, jeu de mot sur Linus et Unix, sera le nom officiel de ce logiciel à dater de 1994. Il devient grâce à lui possible d'installer sur votre ordinateur uniquement des logiciels libres[10].

A. Tannenbaum de l'université d'Amsterdam. Minix est un système d'exploitation très simple qui n'est pas destiné à faire réellement fonctionner des ordinateurs au quotidien mais plutôt à être utilisé dans un but pédagogique, pour expliquer le fonctionnement des systèmes d'exploitation aux étudiants en informatique. Minix était à l'époque distribué avec son code source, mais sa licence n'autorisait pas la diffusion de versions modifiées : il n'était donc pas libre. Minix est passé sous licence BSD en 2000.

10. Le système d'exploitation BSD, projet développé par l'université de Berkeley depuis 1979, a eu une version libre pour la première fois en 1992, amplifiant encore le mouvement.

f. 1998 : le début de la célébrité ?

Les années 1994-1997 voient la croissance des logiciels libres mais ils restent inconnus en dehors de la communauté des programmeurs informatiques.

Le mouvement s'étend bien au-delà des États-Unis. En France, le monde des logiciels libres se structure dans les années 1990 et commence par l'APRIL (Association pour la promotion et la recherche en informatique libre, proche de la FSF), créée en 1996, suivie en 1998 par l'AFUL (Association francophone des utilisateurs de Linux et des logiciels libres), dont la ligne est plus pragmatique.

L'année 1998 est marquée par trois événements qui feront connaître les logiciels libres au-delà du petit cercle des informaticiens : la libération du code de Navigator, la création de l'OSI et la « note Halloween ».

La libération de Netscape Navigator

Le large incognito des logiciels libres se poursuit jusqu'à l'issue du conflit, qui reçut beaucoup de publicité à l'époque, entre les NAVIGATEURS WEB gratuits (« butineurs ») Internet Explorer et NETSCAPE Navigator. Pour s'imposer sur ce marché, la société Microsoft, éditrice d'Internet Explorer, décide de fournir en standard ce navigateur web avec le système d'exploitation Windows 95. Son concurrent Netscape, auparavant leader sur le marché grâce au logiciel Navigator, s'insurge contre cette concurrence déloyale.

Les tribunaux lui donneront raison en 1997, mais Netscape a perdu dans l'intervalle beaucoup de parts de marché. La société décide alors en 1998 de libérer son code, c'est-à-dire de le diffuser largement, pour faire participer la communauté des internautes à son amélioration. Il naîtra de cette initiative le projet Mozilla, conçu par l'équipe qui développera plus tard le navigateur Firefox et le logiciel de lecture de courrier électronique Thunderbird.

C'est la première fois qu'une société très importante, Netscape, affiche son intérêt pour le mouvement du logiciel libre.

La création de l'OSI

L'autre événement important de 1998 est la création par Bruce Perens et Eric Raymond de l'OSI, *Open Source Initiative*. Cette association est tout le contraire de la FSF : elle est fondée sur des considérations pragmatiques et non pas éthiques, elle est à but non lucratif, ne prône pas une licence particulière. Elle se présente d'abord comme un programme de promotion de l'ensemble des logiciels libres en direction du monde « commercial ». En deux mot, l'OSI est une campagne de communication pour l'utilisation des logiciels libres.

Le logo de l'*Open Source Initiative*

La note Halloween

L'annonce qui a véritablement lancé un début de célébrité des logiciels libres en 1998 est venue de Microsoft. C'est la note « Halloween », document interne[11] du géant du logiciel, obtenue – sans doute à la suite d'une fuite – par Eric Raymond et publiée sur sa page web le 1er novembre 1998, puis reprise dans la presse. Dans ce texte, pour la première fois, le premier éditeur de logiciels du monde identifiait un risque provenant de la concurrence des logiciels libres.

11. Microsoft a reconnu par la suite l'authenticité de ce document. Son auteur, Vinod Valloppillil, était l'un des ingénieurs de cette entreprise.

> « [Les logiciels libres représentent] une menace directe et à court terme pour les revenus et les plates-formes de Microsoft [...] »
>
> « Linux représente un Unix qui sort du rang, auquel on confie des missions d'application critiques et (ce qui est en partie dû au code source ouvert) dont la crédibilité sur le long terme excède celle de nombreux systèmes d'exploitation concurrents. »
>
> Extraits de la note « Halloween »

Il a été dit que Microsoft, en plein procès pour abus de position dominante, avait peut-être délibérément diffusé ce document pour prouver que le logiciel Microsoft Windows n'était pas en situation de monopole.

Dans tous les cas, cela reste historiquement la première fois que les journaux non spécialisés dans l'informatique ont entendu parler de logiciels libres. Ces derniers sont donc nés, en tant que phénomène médiatique, en 1998. C'est ainsi Microsoft qui a été à l'origine d'un début de notoriété du logiciel libre.

En conclusion, les logiciels libres ne sont pas récents. Nous allons voir qu'ils ne sont pas non plus un phénomène mineur dans le monde de l'informatique.

2.3 Qui les utilise aujourd'hui ?

a. Et la réponse est...

Beaucoup de monde, sans doute à commencer par vous. En effet, le fréquent usage de systèmes d'exploitation et de logiciels libres sur les serveurs fait de toutes les personnes connectées à Internet des utilisateurs de ces programmes.

Par ailleurs, le développement de logiciels libres compatibles avec Windows et MacOS encourage de plus en plus d'utilisateurs individuels à faire le premier pas.

Dans certains cas, ce sont des pays entiers qui ont décidé de mettre en place les logiciels libres dans les administrations.

La Chine, le Pérou, le Brésil et plus récemment le Royaume-Uni ont ainsi lancé des politiques ambitieuses de promotion des logiciels libres.

b. Une présence majeure sur les serveurs

Les informaticiens professionnels qui administrent des serveurs ont aisément adopté les logiciels libres.

Si les systèmes d'exploitation libres comme Linux sont encore à la seconde place derrière les différentes versions de Windows Server, trois logiciels libres pour serveurs sont déjà leaders sur leur marché. Il s'agit du serveur web Apache, du logiciel de routage de courrier électronique SENDMAIL et du logiciel BIND qui gère les noms des ordinateurs en réseau.

La suprématie d'Apache, avec 70 % de parts de marché, signifie que, lorsque vous êtes sur le web, il y a sept chances sur dix pour que les pages que vous recevez vous soient envoyées par un logiciel libre.

La fiabilité des systèmes d'exploitation libres a également incité nombre de services en ligne à en utiliser.

Le moteur de recherche Google, `www.google.fr`, probablement le site web le plus utile, et leader sur son marché, fonctionne sur plusieurs milliers d'ordinateurs de type PC sous Linux répartis sur la planète. Le site de la librairie en ligne Amazon, `www.amazon.fr`, un des plus consultés d'Internet, est pour sa part hébergé sur des serveurs sous Linux. Deux exemples parmi beaucoup d'autres.

Même le moteur de recherche en ligne de Microsoft utilisait encore fin 2004 certains serveurs sous système BSD.

c. Des architectures mixtes libre/propriétaire

La compatibilité entre les logiciels libres et propriétaires allant croissant, de plus en plus d'utilisateurs individuels profitent des bénéfices des deux mondes.

Les trois logiciels libres les plus faciles à installer et à utiliser pour un utilisateur de Windows sont sans conteste le navigateur Firefox, le logiciel de courrier Thunderbird et la suite bureautique OpenOffice. Celle-ci va d'ailleurs remplacer en 2005 Microsoft Office au sein du ministère des Transports français.

D'autres logiciels libres, beaucoup plus spécialisés, comme les programmes de mise en page TeX et LaTeX, le langage de programmation Perl, le logiciel de traitement d'images Gimp, concurrent d'Adobe Photoshop, et l'architecture de base de données MySQL, sont également disponibles dans de nombreux environnements, y compris les différents Windows et MacOS.

Cependant, l'utilisation de logiciels supposés être libres avec un système d'exploitation Microsoft n'est pas toujours aisée : ainsi SpamAssassin, un logiciel de détection et d'élimination du spam, est payant sous Windows alors qu'il est libre et gratuit en version Linux.

Des noms derrière des logiciels

Auteurs, contributeurs, bêta-testeurs de logiciels libres, ils sont des dizaines de milliers. Cependant, certains programmeurs sont plus connus que d'autres dans le milieu des logiciels libres.

Ils se sont souvent fait un nom en étant les auteurs principaux de projets importants. Et si Linus Torvalds est sans conteste le plus connu, les noms qui l'accompagnent ici sont également très réputés.

Linus Torvalds (Finlandais, né en 1969) est le principal auteur de Linux, le système d'exploitation libre le plus célèbre.

Richard M. Stallman (Américain, né en 1953) est le fondateur de GNU et de la FSF. Il est aussi l'auteur d'origine du compilateur GCC, du débogueur GDB et de l'éditeur de textes EMACS. C'est sans doute le premier militant de l'histoire en faveur du logiciel libre. Il est souvent désigné par ses initiales : RMS.

Guido Van Rossum (Hollandais) est l'auteur du langage de programmation PYTHON.

Miguel de Icaza (Mexicain, né en 1973) est l'auteur d'origine de l'interface graphique GNOME et du cadre de développement MONO.

Andrew Tridgell (Australien, né en 1967) a été un contributeur majeur du projet SAMBA et est connu pour son expertise sur la compatibilité des systèmes open source avec les logiciels propriétaires.

Theo de Raadt (Sud-Africain, né en 1968) est le leader et l'un des principaux auteurs du projet OpenBSD.

Larry Wall (Américain, né en 1957) est l'auteur principal du langage de programmation Perl.

Bruce Perens (Américain) est l'un des principaux contributeur du projet DEBIAN. Il fut cofondateur de l'OSI et auteur de l'*Open Source Definition*. Il dirige aujourd'hui l'*Open Source Risk Management*, une compagnie d'assurances spécialisée dans les logiciels libres.

Bjarne Stroustrup (Danois, né en 1950) est le créateur du langage de programmation C++.

Alan Cox (Gallois, né en 1968) est l'un des plus importants contributeurs de Linux.

Eric Raymond (Américain, né en 1957) est l'un des cofondateurs (avec Bruce Perens) de l'OSI. C'est aussi l'auteur du livre *La Cathédrale et le bazar*.

Harald Welte (Allemand) s'est distingué comme pilote du projet `gpl-violations.org`, dont la vocation est de poursuivre en justice les sociétés qui utilisent du code sous GPL dans des logiciels propriétaires (il est possible de le prouver en désassemblant le logiciel).

2.4 Quelques pistes pour le futur

a. De belles perspectives de croissance

Les logiciels libres occupent encore une part de marché relativement faible. À l'exception d'Apache, Sendmail et BIND, aucun logiciel libre n'est leader sur son marché.

Mais leur notoriété, grâce à l'OSI et à des événements comme la publication de la note Halloween, est maintenant beaucoup plus grande qu'il y a quelques années.

Les logiciels libres peuvent donc enfin commencer à toucher le marché des utilisateurs individuels qui ne sont pas informaticiens. Eux qui utilisaient des logiciels libres sans le savoir en se connectant à Internet en installent aujourd'hui de plus en plus, directement sur leur ordinateur personnel.

Cette évolution est fondamentale pour les logiciels libres après plus de vingt ans d'existence, car le marché des postes utilisateurs est beaucoup plus gros que celui des serveurs. Même si les logiciels libres n'en prennent à long terme qu'un quart ou un tiers, leurs perspectives de croissance sont déjà significatives.

b. À quand la GPL 3 ?

La FSF a récemment pointé le cas d'entreprises qui s'appuient sur des logiciels libres sous *copyleft* pour développer des applications accessibles par le web.

Le logiciel développé est donc utilisé par le public mais techniquement l'entreprise ne le redistribue pas (il est utilisé à distance à travers Internet).

Or, la clause de *copyleft* de la GPL oblige le logiciel a être redistribué avec son code source le cas échéant, mais n'oblige pas intrinsèquement à le redistribuer tout court.

L'association, soucieuse par principe que tout programme libre accessible (même si c'est à distance) soit mis à la disposition de l'humanité, serait donc en train de créer une licence

GPL version 3 qui obligerait les entreprises à diffuser le code source de leurs applications web quand elles s'appuient sur des éléments sous licence GPL[12].

Un tel changement aurait d'autant plus d'impact qu'il aurait un effet rétroactif : dans la mesure où les logiciels libres sont régulièrement mis à jour, si la licence GPL 3 est un jour publiée, et si les mises à jour d'un programme sont publiées avec cette licence, le principe de *copyleft* appliqué aux mises à jour entraînerait le passage de la totalité du programme sous GPL 3.

Les discussions sur ce sujet sont en cours au sein de la FSF. Nombre de ses membres font remarquer à juste titre qu'en créant toujours plus de contraintes, ils risquent de nuire à la diffusion des logiciels libres. La publication d'une éventuelle version 3 n'est donc pas encore certaine.

Si beaucoup de monde utilise (souvent sans le savoir) des logiciels libres, ce n'est pas parce qu'ils sont libres, mais parce qu'ils sont meilleurs que les autres. Et c'est parce qu'ils répondent bien aux besoins qu'ils sont choisis par de très nombreux fournisseurs d'accès et prestataires de services en réseau pour gérer le web, l'e-mail, les adresses DNS, etc.

Mais qu'est-ce qu'un bon logiciel ? Qu'est-ce qu'un logiciel meilleur que ses concurrents ? Le chapitre suivant vous permettra de tout connaître des atouts (nombreux) et des faiblesses (il y en a quelques-unes) des logiciels libres.

12. Il ne sera cependant pas facile de déterminer si un programme utilise effectivement des éléments sous GPL sans avoir ni le code source ni le binaire (que l'on peut espérer désassembler pour vérifier), mais simplement une interface web avec un logiciel fonctionnant sur un ordinateur distant.

Chapitre 3

Atouts et faiblesses des logiciels libres

Tous les logiciels libres ne sont pas obligatoirement diffusés sur Internet ni utilisés par des milliers de personnes.

Nous nous concentrons cependant, dans cet ouvrage, sur les logiciels libres les plus importants, largement diffusés et ayant rencontré un accueil positif de la part des utilisateurs.

Nous savons que le premier fondement du logiciel libre est la disponibilité du code source. Or, assez peu de gens ont la compétence technique nécessaire pour lire ce code source. Pourtant, les différences entre les logiciels libres et non libres ne sont pas seulement compréhensibles par les experts en programmation. Elles seront manifestes pour vous quelle que soit votre spécialité parce qu'en raison de l'ouverture du code, ces programmes bénéficient d'un mode de développement unique en son genre qui entraîne des qualités mais aussi des défauts.

3.1 Comment les logiciels libres sont-ils développés ?

a. Les bâtisseurs de cathédrales

Eric Raymond utilise l'expression « la CATHÉDRALE et le BAZAR » dans le livre du même nom pour décrire les deux organisations possibles d'une équipe de conception informatique. La cathédrale est la programmation d'un logiciel au sein d'une entreprise organisée et hiérarchisée. Ce modèle est plus efficace mais moins créatif que le bazar, modèle de développement collectif des logiciels libres, où tout le monde peut contribuer et apporter ses modifications sur n'importe quelle partie d'un code source largement diffusé.

> « Je pensais que les logiciels les plus importants (tels les systèmes d'exploitation et les très gros outils comme Emacs) devaient être conçus comme des cathédrales, soigneusement élaborés par des sorciers isolés ou de petits groupes de mages travaillant à l'écart du monde, sans qu'aucune version bêta ne voit le jour avant que son heure ne soit venue. »
>
> « Le style de développement de Linus Torvalds – distribuez vite et souvent, déléguez tout ce que vous pouvez déléguer, soyez ouverts à la promiscuité – est venu comme une surprise. À l'opposé de la construction de cathédrales, silencieuse et pleine de vénération, la communauté Linux paraissait plutôt ressembler à un bazar grouillant de rituels et d'approches différentes (très justement symbolisé par les sites d'archives de Linux, qui acceptaient des contributions de n'importe qui) à partir duquel un système stable et cohérent ne pourrait apparemment émerger que par une succession de miracles. »
>
> « Le fait que ce style du bazar semblait fonctionner, et bien fonctionner, fut un choc supplémentaire. Alors que j'apprenais à m'y retrouver, je travaillais dur, non seulement sur des projets particuliers, mais encore à essayer de comprendre pourquoi le monde Linux, au lieu de se disloquer dans la confusion la plus totale, paraissait au contraire avancer à pas de géant [...] »
>
> Eric Raymond

« Bazar » ne veut pas dire anarchie. Eric Raymond explique que les projets de développement de logiciels libres qui réussissent sont en fait structurés comme un ensemble de petites cathédrales, équipes bien organisées qui travaillent sur des parties bien définies du logiciel.

L'une des clefs du succès pour le développement d'un logiciel libre est que l'organisation globale du projet permette la répartition des tâches en plusieurs sous-parties (souvent appelées des modules). Il faut aussi que de petites équipes bien organisées puissent se structurer autour des fondateurs du projet. Il est donc nécessaire que ceux qui sont à l'origine du projet soient des bâtisseurs de cathédrales, c'est-à-dire de petits groupes de développement efficaces.

b. Le développement libre en trois étapes

La publication d'un prototype

Pour lancer un projet libre, il faut qu'une seule personne (ce fut le cas de Richard Stallman et de Linus Torvalds) ou un petit groupe, peut-être au sein d'une entreprise, élabore un premier prototype de programme.

Celui-ci doit être mis en état de marche, car les programmeurs susceptibles de contribuer à un projet libre voudront le voir fonctionner pour en mesurer le potentiel[1]. Le programme doit aussi posséder des fonctions susceptibles d'intéresser un nombre suffisant de personnes.

Le projet devient officiellement libre quand il est rendu accessible en téléchargement sur Internet, avec son code source, et soumis à une licence libre.

Dans certains cas (comme Netscape en 1998) il peut s'agir d'un programme déjà abouti dont l'entreprise qui détient les droits « libère » le code source pour donner une seconde vie à son programme ou gagner des parts de marché.

La création d'une équipe

Le destin d'un projet libre dépend beaucoup du nombre de programmeurs compétents qui trouveront le logiciel utile et qui seront motivés pour y contribuer. Si quelques personnes ou dizaines de personnes sont intéressées, il se constitue une équipe de développement plus ou moins informelle. Cette équipe communique via Internet : échanges sur des listes de discussion, travail mis en commun grâce à des plates-formes de développement en réseau (par exemple Sourceforge), etc.

L'équipe va se structurer au fil du temps.

---

1. De plus, un programme qui ne fonctionne pas est rarement diffusé car il ne donne pas une très bonne image de la compétence de ses auteurs.

Si une entreprise décide de participer au projet, l'implication de ses salariés peut prendre rapidement une tournure très organisée.

La pérennisation

Le fonctionnement d'une équipe de développement sur le long terme repose sur le bon vouloir de ses participants, sur l'intérêt du projet lui-même et sur la qualité du pilotage par les auteurs d'origine ou un « repreneur » qui parviendrait à s'imposer.

Si le projet devient assez important, il aura lui-même des sous-projets gérés par des sous-équipes. Le projet Debian Linux, par exemple, constitué du système d'exploitation Linux et d'un certain nombre de logiciels complémentaires issus de GNU, comporte environ 16 000 modules, et près de 1 000 développeurs principaux.

c. Comment est-ce piloté ?

Comme n'importe quel projet, un projet de logiciel libre ne peut pas réussir s'il n'est piloté par personne.

Dans une entreprise traditionnelle, l'encadrement a un rôle prépondérant et les développeurs informatiques sont plutôt en bas de l'échelle. En revanche, le monde du logiciel libre, constitué d'un ensemble de communautés très informelles sur Internet, respecte surtout la compétence technique des contributeurs. C'est la *hiérarchie de compétence* qui permet généralement aux créateurs du projet de s'imposer parmi leurs pairs informaticiens.

Le principal rôle du ou des pilotes d'un projet de développement de logiciel libre est de décider, parmi toutes les améliorations et corrections qu'on leur soumet, celles qui seront retenues. Elles seront intégrées dans une version « officielle » du logiciel[2].

---

2. Il peut arriver qu'une partie de l'équipe fasse un choix différent – un « FORK », en jargon d'informaticien – et décide de continuer dans une autre direction. Ainsi le système d'exploitation BSD s'est subdivisé

Exemple emblématique, le pilote du projet Linux est sans conteste son créateur, Linus Torvalds lui-même, qui s'est imposé d'abord grâce à son expertise technique.

Le fait qu'il ait réussi, alors qu'il était encore étudiant de deuxième année, à développer tout seul un prototype utilisable de système d'exploitation libre a vraiment impressionné beaucoup d'informaticiens[3].

Par la suite, Linus Torvalds est resté un des principaux programmeurs de Linux mais s'est aussi révélé être un excellent manager, capable de fédérer des contributions très variées.

> « Cette idée d'absence de propriétaire signifie qu'un seul type d'entité peut vraiment avoir du succès en développant Linux – l'entité à qui on fait confiance pour faire les bons choix. Et telles que les choses se présentent à l'heure actuelle, je suis l'unique personne/entité qui jouit d'un tel degré de confiance.
>
> Même si quelqu'un pensait que je travaille mal (ce qui est assez rare) et que cette personne décide qu'il faut vraiment qu'elle corrige telle fonctionnalité, il lui serait très difficile de convaincre tout le monde qu'elle en est **capable**. »
>
> « Le chaos peut résulter de tout ceci, mais en même temps ce système intègre certains mécanismes qui le rendent très stable. Mais il faut vraiment être très bon pour prendre en charge le développement. Savoir que la meilleure personne sera là pour s'en occuper est exactement le genre de sécurité dont on a besoin dans un réseau de développement. »
>
> Linus Torvalds

---

en FreeBSD, plus performant sur PC, OpenBSD, particulièrement sûr, et NetBSD, compatible avec un plus grand nombre d'ordinateurs.

3. D'autant plus que Hurd, le système d'exploitation annoncé depuis des années par les développeurs du projet GNU, avait le plus grand mal à voir le jour, et n'a d'ailleurs pas beaucoup avancé dans les quinze ans qui ont suivi...

Le manchot Tux, emblème du projet Linux
dessiné par Larry Ewing

d. Qui sont les contributeurs ?

Pas nécessairement des communistes

On a parfois présenté les personnes qui contribuent au développement des logiciels libres comme des bénévoles altruistes œuvrant pour le bien de l'humanité. C'est largement exagéré, et cette vision a malheureusement plutôt fait fuir les acteurs économiques traditionnels qui voyaient là une sorte de « CYBERCOMMUNISME[4] » avec lequel ils n'étaient pas tout à fait à l'aise.

La communauté du logiciel libre n'est absolument pas formaliste : n'importe qui peut, s'il est suffisamment compétent et motivé, commencer à lire les groupes de discussion spécialisés sur tel ou tel logiciel et tenter d'apporter sa contribution.

Mais le temps manque pour développer tous les projets possibles. Qu'est-ce qui va pousser quelqu'un à travailler sur un logiciel libre ?

D'abord des utilisateurs du logiciel

Les développeurs sont généralement les premiers utilisateurs des logiciels auxquels ils contribuent. Ils aident donc en

---

4. L'expression vient de R. Barbrook, *The Californian Ideology*.

priorité les logiciels dont ils ont personnellement besoin, et travaillent à y ajouter des fonctions qui leur sont utiles.

Les projets qui semblent les plus pérennes seront privilégiés par les programmeurs qui ne tirent bénéfice de leur contribution que si le développement aboutit. La réputation de compétence mais aussi de sérieux des personnes et des entreprises (par exemple IBM) qui sont impliquées dans le projet compte donc beaucoup pour décider un programmeur à investir son temps et son énergie dans le projet.

Les projets qui fonctionnent depuis longtemps, ou simplement ceux qui sont très actifs, sont également privilégiés.

L'importance de la renommée

L'amélioration de leur propre réputation dans le « milieu » du logiciel libre est un facteur important de motivation des programmeurs, même s'il est souvent exagéré.

La réputation n'est pas uniquement une question de fierté. Elle a trois implications très concrètes. Elle permet au développeur d'influencer les projets de logiciels libres dans un sens conforme à ses souhaits ou à ses intérêts. Elle peut être source d'offres d'emplois intéressantes. Enfin, dans le cas d'un chercheur, elle peut l'aider à gravir les échelons d'une brillante carrière.

L'implication des entreprises et des administrations

Un certain nombre de contributeurs sont des informaticiens professionnels qui sont rémunérés pour ce travail par une université (en tant que chercheurs en informatique) ou par une société.

Les entreprises impliquées dans ces projets suivent globalement les critères indiqués ci-dessus : elles ont elles-mêmes besoin de ces logiciels soit pour leur usage interne, soit comme éditeurs de logiciels libres (RedHat, Mandriva), constructeurs de matériel (CISCO) ou prestataires de services comme la société française IDEALX. Elles tiennent également à leur réputation dans le milieu du logiciel libre : quand elle est bonne, c'est leur meilleure publicité.

Les chercheurs en informatique, pour qui la réputation est un critère essentiel, sont aussi des utilisateurs des logiciels. Ils décident souvent eux-mêmes (individuellement ou collectivement au sein d'une équipe de recherche) de ceux sur lesquels ils souhaitent travailler, et créent même parfois des entreprises pour valoriser leurs travaux.

Outre les universités et les centres de recherche, d'autres administrations publiques peuvent être amenées à participer – c'est-à-dire en pratique à financer des travaux de recherche et développement – pour leurs propres besoins. Ceux-ci traduisent en général des objectifs politiques : c'est le cas de la Chine soutenant REDFLAG Linux pour disposer d'un logiciel sûr et transparent, du ministère de la Défense américain finançant le projet BSD à ses débuts, ou simplement de l'ADULLACT, association française qui mutualise les développements de logiciels libres pour les besoins des collectivités locales.

Vous-même, si vous le souhaitez !

Une grande partie des échanges concernant les logiciels libres se font sur des forums accessibles à tous sur Internet.

Pour y participer, il est préférable d'avoir une certaine connaissance de la programmation, de préférence dans un langage fréquemment utilisé dans les logiciels libres comme C/C++, Perl ou encore Python. Cependant, si vous n'êtes pas programmeur, votre contribution peut aussi prendre la forme d'une participation à la rédaction ou à la mise à jour de la documentation, ou de la traduction d'un logiciel. Comme ces tâches sont généralement délaissées par les programmeurs, si vous êtes disponible pour les effectuer vous allez vous faire très vite beaucoup d'amis !

Si vous souhaitez vous investir dans la contribution à un logiciel libre, nous vous recommandons de lire les groupes de discussion (les « news » usenet) consacrés au logiciel qui vous intéresse. Vous commencerez sans doute par télécharger une version préliminaire (une version bêta, voir plus loin) du logiciel et tenterez de l'utiliser et d'en corriger les erreurs. Si vous réussissez, vous pourrez alors diffuser vos propositions de corrections sur le même groupe de discussion. Pourquoi ne pas alors envisager de passer, au bout de quelques mois, à la vitesse supérieure : ajouter une nouvelle fonction dans le logiciel, et proposer cet ajout aux développeurs qui pilotent le projet ?

Si vous avez acquis un début de réputation de compétence en corrigeant les BUGS, vos contributions futures seront examinées avec attention.

Vous ne savez pas vraiment sur quelle fonction vous faire les dents ? Notez qu'il y a souvent, dans un logiciel libre distribué avec son code source, un historique des dernières modifications et une liste des travaux encore à faire proposés par l'auteur d'origine. Il n'y a que l'embarras du choix.

e. Une armée de bêta-testeurs

Le nombre et la qualité des programmeurs associés à un projet de développement libre ont un impact direct sur la qualité du code source. Il y a d'autant moins de bugs que beaucoup d'informaticiens ont passé au crible et corrigé celui-ci. C'est ce qu'Eric Raymond appelle la *Loi de Linus* : « avec suffisamment d'observateurs, toutes les erreurs sautent aux yeux. »

Ceux qui n'auraient pas suffisamment de disponibilité ou d'expertise pour participer à l'équipe de développement mais qui restent intéressés par le projet – et cela peut faire beaucoup de monde – peuvent notamment devenir des « bêta-testeurs ». Leur rôle est de tester la « version bêta » d'un logiciel, version déjà bien évoluée mais nécessitant encore des corrections[5].

En tant qu'utilisateurs du logiciel, ils sont particulièrement motivés par la correction des erreurs : s'ils en laissent,

---

5. Une version très préliminaire comportant encore de nombreuses erreurs s'appelle une version « alpha » d'un logiciel.

ils seront les premiers à les subir. Or, dans le cas particulier d'un logiciel libre, les testeurs ont le code source. Ceux qui sont assez compétents peuvent donc tenter de résoudre le problème et diffuser la solution. Même s'ils se limitent à le signaler, ils peuvent le faire très précisément au lieu de simplement indiquer qu'il y a une erreur. Pour ces deux raisons, les bugs sont alors beaucoup plus facilement corrigés.

Mieux encore, un problème signalé, une amélioration suggérée ont plutôt plus de chances d'être suivies d'effet pour un logiciel libre important que pour un logiciel propriétaire. En effet, le nombre de personnes susceptibles de mettre en musique l'idée en question est plus grand.

De cette organisation originale de développement collectif va résulter un certain nombre des caractéristiques positives des logiciels libres, mais aussi des aspects négatifs, que nous allons à présent détailler.

3.2 Les atouts des logiciels libres

> « Il est nécessaire de préciser que le but du [décret 1609 de la république du Pérou sur l'utilisation des logiciels libres dans les administrations publiques] dont nous parlons n'est pas directement lié au montant des économies immédiates qui peuvent être réalisées en utilisant les logiciels libres dans les administrations. Ce serait plutôt un bénéfice annexe, mais certainement pas le principal objectif du texte. Les principes de base qui ont inspiré le décret sont liés au garanties de bases que l'on attend d'un État de droit, telles que le libre accès des citoyens à l'information publique, la permanence des données nationales et la sûreté de l'État et des citoyens. »
>
> Dr Edgar David Villanueva Nuñez
> Député péruvien
> Lettre à Microsoft du 25 avril 2002

a. Pérennité

Les formats de fichiers

Si votre logiciel enregistre toutes vos données dans un format que lui seul peut exploiter, vous avez très peu de chances de pouvoir en changer[6].

Or, un logiciel propriétaire est souvent accompagné d'un format de fichier propriétaire, garantissant à son éditeur de conserver sa part de marché. Cela oblige tous ses clients à acheter périodiquement la version suivante du logiciel afin de pouvoir lire les fichiers de leurs partenaires équipés de la nouvelle version[7].

La publication du code source sous une licence libre rend les formats de données accessibles à tous, même s'ils ne sont pas toujours très bien documentés[8].

Il y a donc de fait corrélation entre logiciel libre et format ouvert. Les formats de fichiers utilisés par des logiciels libres sont standardisés et ne sont la chasse gardée de personne. Un utilisateur de logiciels libres n'est donc jamais complètement dépendant d'un seul fournisseur. Pour la même raison, les logiciels libres vous permettent de vous affranchir des problèmes de compatibilité entre types d'ordinateurs comme il arrive encore régulièrement entre Mac et PC.

Le suivi d'un produit

Un utilisateur de logiciel propriétaire est parfois obligé de changer de logiciel parce que l'entreprise qui édite le logiciel

6. Un exemple de format vraiment incompatible avec la totalité du reste du monde : les flux de données du logiciel Lotus Notes.

7. Précision importante : vous souvenez-vous que l'on a dit au premier chapitre que le désassemblage était en général interdit ? Pour nuancer ce propos, il faut mentionner que cette opération, utilisée dans un but d'interopérabilité, c'est-à-dire essentiellement pour faciliter la lecture des formats propriétaires par d'autres logiciels, est explicitement autorisée en Europe.

8. Écrire de la documentation est une activité peu passionnante et les logiciels libres écrits par des passionnés ne sont pas toujours assortis d'une documentation très lisible.

ferme, ou décide que ce logiciel n'est plus dans ses priorités et qu'elle arrête de faire des mises à jour[9].

Le logiciel libre étant disponible avec son code source, une entreprise peut continuer à l'utiliser quand bien même le projet serait abandonné par ses développeurs d'origine, ce qui arrive aussi. Cela ne nécessite que d'avoir des salariés compétents pour faire les améliorations et corrections qui peuvent s'avérer nécessaires.

C'est très rarement possible dans le cas d'un logiciel propriétaire, car le fournisseur détient le code source. Il est le seul à pouvoir fournir un support technique complet, souvent pour un prix élevé, à des utilisateurs contraints de passer par lui.

Notons qu'il n'est pas toujours nécessaire de faire évoluer ou d'améliorer un logiciel. Mais si l'on veut continuer à l'utiliser pendant longtemps il devra rester compatible avec les matériels et systèmes d'exploitation futurs. Pour cette raison, on ne peut jamais complètement se passer de support technique. Ce type de problème n'est pas propre à l'informatique, mais c'est peut-être là qu'il est le plus aigu, car les technologies de ce secteur sont parmi les plus rapidement renouvelées.

La libre circulation de l'information à long terme

Comme les logiciels libres utilisent des formats de fichiers standards, vous pouvez être sûr que vos données resteront lisibles pendant (très) longtemps, et à un coût raisonnable voire nul.

C'est l'un des principaux arguments qui ont poussé des pays comme le Brésil et le Pérou à faire passer toute leur administration sous logiciels libres en 2002. Le gouvernement péruvien a ainsi considéré qu'il n'était pas propriétaire des données administratives, mais dépositaire pour le compte des générations futures, et a donc fait le choix d'utiliser des for-

9. Par exemple, Microsoft vient d'arrêter le support pour son langage de programmation Visual Basic 6 et oblige donc tous les programmeurs à passer à Visual Basic .NET ou à se débrouiller tout seuls.

mats standards dont la pérennité à long terme lui semblait mieux garantie, et des logiciels permettant de les traiter aisément.

b. Qualité du code

Une histoire... drôle ?

Une histoire drôle parle d'un enfant qui veut devenir un grand écrivain, et quand on lui demande ce que cela signifie il précise : « C'est quelqu'un qui est lu par des millions de gens, mais pas seulement ça : il faut que quand ils lisent ses écrits, ils pleurent, ou ils décident de se révolter, en tout cas que ça change leur vie. »

Et l'histoire conclut : « Aujourd'hui, il a réussi son rêve, il travaille chez un grand éditeur de logiciels ; il écrit les messages d'erreur. »

La furieuse tendance de certains logiciels à « planter » en perdant au passage une partie de vos données et des heures de votre travail est sans doute le point noir majeur pour l'image des principaux éditeurs de logiciels propriétaires. D'autant plus que si, face à un plantage, vous appelez leurs techniciens à l'aide, ils ne pourront généralement pas faire mieux, pour résoudre le problème, que vous recommander d'acheter (à vos frais !) la nouvelle version du logiciel.

Des logiciels libres de qualité supérieure

Il y a quatre raisons pour expliquer que la qualité du code source des principaux logiciels libres est meilleure que celle des logiciels propriétaires grand public.

- La première, on l'a vu, c'est qu'il y a potentiellement énormément de bêta-testeurs sur un logiciel libre largement diffusé. Ils peuvent d'autant plus facilement corriger les erreurs qu'ils ont accès au code source.

  Cela signifie aussi qu'il y a beaucoup plus d'annonces de bugs dans un grand logiciel libre : la distribution Linux Debian vient d'annoncer sa 300 000e demande de modification en douze ans[10] ! Mais cela ne signifie pas que si vous téléchargez Debian vous aurez un logiciel avec beaucoup d'erreurs, car les erreurs en question ont été corrigées au fur et à mesure.

Les éditeurs de logiciels propriétaires, eux, ne publient pas le nombre des rapports d'erreurs qu'ils reçoivent, et ne les corrigent pas nécessairement avec la même efficacité.

- La deuxième, c'est qu'une grande partie des programmeurs contribuant à des logiciels libres en ont besoin pour eux-mêmes : on fait très attention à la qualité du code source quand on développe pour soi.

- La troisième raison, qui est une difficulté structurelle des logiciels propriétaires, est la faible valeur commerciale de la correction des bugs.

  Un éditeur de logiciels propriétaires peut se donner les moyens de faire aussi bien que les développeurs de logiciels libres en matière de qualité du code en employant une grande quantité d'informaticiens de haut niveau. Ainsi on a vu que la librairie en ligne Amazon (site web `www.amazon.fr`) fonctionnait sur des ordinateurs sous système d'exploitation Linux. Cependant, le logiciel qui affiche les objets en vente et qui gère les achats et les paiements est, lui, un logiciel propriétaire, développé par la société Amazon pour elle-même. Vous savez, si vous pratiquez les achats en ligne, qu'il est rarissime que le site d'Amazon ne soit pas accessible : on peut en déduire que les bugs de ce logiciel, s'il en avait, ont été corrigés.

  En revanche, pour un logiciel vendu au détail en magasin, le bât blesse : il n'est pas toujours économiquement rentable pour un éditeur de logiciels de corriger

10. Il peut s'agir de bugs à corriger, d'erreurs de traduction, ou de demandes d'évolution du logiciel.

les erreurs[11] parce que personne n'accepte de payer pour la correction d'une erreur dans un produit défectueux. Ce qui est monnayable, c'est une nouvelle version avec de nouvelles fonctionnalités, qui corrige au passage les erreurs importantes.

– Quatrième raison, la pression commerciale peut pousser un éditeur à mettre un logiciel sur le marché avant qu'il ne soit prêt. L'exemple le plus célèbre est celui de Microsoft Windows 95, qui avait été annoncé sous ce nom. Pour bénéficier des ventes de Noël et surtout pour ne pas se retrouver à sortir un logiciel qui s'appelait « 95 » en 1996, Microsoft a mis sur le marché en décembre 1995 une version qui n'était pas tout à fait au point. Les utilisateurs ont apprécié.

Des logiciels libres qui ne plantent (presque) jamais

Les logiciels libres développés par une communauté ont souvent moins d'erreurs que les logiciels propriétaires vendus dans le commerce. Les erreurs les plus destructrices étant généralement celles du système d'exploitation, c'est pour ce type de logiciel que la différence est la plus nette. Et c'est vrai en pratique : les principaux systèmes d'exploitation libres ne « plantent » quasiment jamais[12].

Cela ne vient pas de l'aspect libre du logiciel, mais du fait qu'il a été développé par une large communauté d'utilisateurs bénévoles motivés pour corriger les erreurs, donc ne s'applique qu'aux logiciels libres les plus importants – notamment tous ceux qui sont cités dans cet ouvrage.

---

11. Sauf si elles sont tellement énormes qu'elles rendent le logiciel invendable. C'est souvent le cas des erreurs dans les jeux sur console, car un joueur est particulièrement peu enclin à pardonner un plantage à sa console si elle lui a fait perdre la partie.

12. Microsoft a cependant réalisé des efforts importants de stabilisation avec Windows XP, et dans le même temps le MacOS X d'Apple offre également une bien meilleure stabilité que ses prédécesseurs. Quant à Unix, il a toujours été très stable, peut-être parce qu'il a été conçu à l'origine comme un système libre ?

Le noyau du système d'exploitation Linux est d'ailleurs réputé comme l'un des programmes les plus stables qui aient jamais existé : des études de l'université de Stanford et de l'université Carnegie-Mellon montrent que Linux 2.6 aurait en moyenne 0,17 bug pour 1 000 lignes de code, alors que les logiciels commerciaux ont plutôt 20 à 30 bugs pour 1 000 lignes.

Certaines erreurs de programmation n'entraînent pas des « plantages » mais des attentes interminables. Là encore, cela se passe plutôt mieux dans le monde du logiciel libre.

c. Coûts

Coût de la licence

Les logiciels libres sont très souvent disponibles gratuitement en téléchargement sur Internet. Il est possible, par ailleurs, de les acheter sous la forme d'une distribution regroupant un ensemble de logiciels, une documentation et des services (mises à jour et support technique), le tout pour une somme généralement modique[13].

Un seul téléchargement ou l'achat d'un seul exemplaire du logiciel vous permet d'installer le logiciel sur un grand nombre de postes. Ce n'est pas le cas des logiciels propriétaires dont le prix est généralement multiplié par le nombre de postes à équiper, même si les grands éditeurs de logiciels proposent des prix très réduits pour les gros clients[14].

Le coût de la licence ne doit cependant pas être un paramètre déterminant du choix pour un particulier et moins encore pour une entreprise. En effet le coût de l'achat d'un logiciel représente souvent moins de 10 % du coût total pour

---

13. Sauf pour un logiciel réalisé spécialement pour votre entreprise, sur commande. Mais même dans ce cas-là, la réutilisation de code source libre existant permet souvent de faire quelques économies.

14. Juan Alberto Gonzalez, le directeur de Microsoft Pérou, expliquait en 2002 : « Un des arguments [en leur faveur] est la prétendue gratuité des logiciels open source, comparée au coût des logiciels commerciaux, mais c'est oublier que [les éditeurs de logiciels commerciaux proposent] des licences à tarif réduit pour les grands utilisateurs. »

une entreprise ou une administration, le reste étant réparti entre l'installation, le support, la maintenance et les pertes de temps dues aux pannes[15].

Coût des pannes

Les logiciels libres ayant plutôt moins de bugs que les autres, ils reviennent moins cher sur le plan des pannes.

> « [...] la fiabilité des logiciels gratuits issus du projet GNU et de Linux s'est révélée excellente, et significativement meilleure que celle des logiciels commerciaux. Il est difficile de dire quelle part tient à la qualité des développeurs, à la culture de l'environnement de programmation utilisé, ou à la charge de travail généralement assumée par les informaticiens. Les grands éditeurs de logiciels auront besoin de faire bon nombre de changements concrets dans leurs plates-formes de développement et dans leur culture maison s'ils veulent produire de meilleurs logiciels. »
>
> Université du Wisconsin

Le coût d'une erreur logicielle que vous subissez est souvent difficile à estimer, parce qu'il ne se traduit pas en général par une facture pour vous ou pour votre entreprise. Le prix de la panne se mesure plutôt en perte de données importantes ou en occasions manquées, parce que vous n'avez pas reçu (par exemple) l'e-mail qui vous offrait le contrat du siècle. Au minimum, les « plantages » coûtent au moins le temps que vous allez passer à refaire le travail que vous n'aviez pas sauvegardé.

Plus net a été le coût du fameux bug d'Hubble, le télescope orbital qui « voyait flou » à cause d'une erreur dans le logiciel chargé de polir son miroir. Il a fallu, le 2 décembre 1993, le lancement d'une navette et la sortie d'un astronaute dans l'espace, soit 500 millions de dollars aux frais du contribuable américain, pour aller corriger cette myopie.

15. *The Gartner Group* estime à 8 % la part du coût de la licence par rapport à l'ensemble des coûts de possession du logiciel, ou TCO (*Total Cost of Ownership*).

Dans une entreprise, les fonctions les plus critiques pourront donc avantageusement faire appel aux logiciels libres. Par exemple, le routage du courrier postal aux États-Unis s'appuie sur ce type de programmes.

Coût du développement

Pour une entreprise, le fait de s'appuyer sur des logiciels libres offre deux avantages immédiats. D'une part, elle peut réutiliser le code qui a été développé par d'autres et n'est pas forcée de repartir de zéro. D'autre part, elle peut s'appuyer sur une communauté de développeurs bénévoles – s'ils y trouvent leur compte.

Coût de la gestion des licences

Ce dernier point peut paraître anecdotique, mais il y a parfois dans les grandes entreprises une personne qui passe son temps à tenir à jour une liste des logiciels utilisés sur chaque poste et des licences correspondantes. Cela sert essentiellement à se protéger contre une éventuelle action en justice pour piratage.

Une entreprise qui choisit de n'utiliser que des logiciels libres n'a plus besoin d'un tel recensement et peut confier à la personne qui s'en occupait des tâches plus intéressantes et plus productives.

d. Sécurité

On a vu plus haut que les logiciels libres sont globalement de meilleure qualité, au sens où ils comportent moins de bugs, que la plupart des logiciels propriétaires. Mais les erreurs ne sont pas uniquement celles qui vont vous forcer à redémarrer votre ordinateur en perdant au passage une partie de votre travail. Une erreur peut aussi prendre la forme d'un « trou de sécurité », par exemple si c'est la fonction de sécurité qui ne fonctionne pas correctement.

Grâce au système de correction des erreurs dans les logiciels libres, une fois qu'une erreur mettant en cause la sécurité est identifiée et annoncée publiquement, la correction arrive généralement au bout de quelques jours.

L'usage parmi les développeurs du système d'exploitation OpenBSD demande même que chaque fois qu'une faille est détectée dans un programme, tous les autres programmes du système soient systématiquement examinés à la recherche de problèmes similaires. Cette procédure a fait d'OpenBSD un système particulièrement sûr.

OpenSSL : un trou de sécurité dans un logiciel libre.

Les logiciels libres ne sont pas nécessairement toujours fiables à 100 %.

Ainsi, une société spécialisée dans la sécurité informatique, Neohapsis, a identifié en 2002 plusieurs trous de sécurité dans OpenSSL, un logiciel libre d'identification des personnes sur un réseau, utilisé notamment par le serveur web Apache.

Pourtant, OpenSSL était déjà disponible, avec son code source, depuis près de dix ans !

L'explication, c'est que le code source de OpenSSL est connu pour être assez peu lisible, d'autant que l'auteur n'a jamais écrit de documentation, même sommaire, pour son programme, se contentant de renvoyer les utilisateurs à la lecture du code source pour en connaître le fonctionnement. Il était donc très compliqué de déceler les erreurs qui avaient pu s'y glisser.

Les failles découvertes furent corrigées en quelques jours par Ben Laurie, l'un des principaux contributeurs d'OpenSSL.

Que l'on soit bien d'accord : notre propos n'est pas du tout de critiquer la sécurité des logiciels propriétaires, qui peut être très élevée également... mais il est difficile, sans le code source, d'en avoir une idée claire. C'est l'argument principal avancé par la Chine quand ce pays a décidé d'utiliser Linux pour les ordinateurs des administrations.

Transparence

Pour vérifier le niveau de sécurité d'un logiciel, il est nécessaire de pouvoir lire le code source[16].

Pour un logiciel qui doit pouvoir garantir à tous qu'il fonctionne correctement, comme une machine à voter, cette transparence est cruciale.

> « Pour garantir la sûreté nationale et la sûreté de l'État, il est indispensable de pouvoir s'appuyer sur des systèmes exempts d'éléments qui permettraient la prise de contrôle à distance ou la transmission non souhaitée de l'information à des tiers. Les systèmes dont le code source est librement accessible au public permettent aux autorités, à leurs administrés et à un grand nombre d'experts indépendants à travers le monde d'effectuer ces vérifications. Notre proposition apporte plus de sûreté, puisque l'ouverture du code source élimine les trop nombreux programmes susceptibles d'espionner leur utilisateur [...] »
>
> « Le peuple a le droit de connaître toute information détenue par l'État et non protégée par des restrictions de confidentialité s'appuyant sur la loi. Maintenant, un logiciel traite des informations mais est aussi lui-même de l'information. De l'information sous une forme particulière, capable d'être lue et comprise par une machine, mais une information d'autant plus cruciale que le citoyen a un droit légitime de savoir, par exemple, comment son vote est traité ou ses impôts calculés. Et pour cela, il doit avoir accès librement au code source [...] »
>
> Dr Edgar David Villanueva Nuñez
> Député péruvien

Au contraire, l'approche des logiciels propriétaires en matière de sécurité est de cacher le fonctionnement de la sécurité du logiciel dans le secret de son code source. Cela peut compliquer une éventuelle attaque, mais cela vous empêche également de vérifier que la haute sécurité du logiciel est bien

16. Des logiciels non libres mais dont le code source est public, comme Java, offrent donc aussi de très bonnes garanties de sécurité.

celle que l'on vous a vendue. Elle ne repose plus que sur la confiance que vous accordez à l'éditeur du logiciel.

Conséquence surprenante d'une meilleure sécurité : il y a plus d'alertes sur la sécurité des logiciels libres. En effet, il y a plus de gens qui ont les moyens (disponibilité du code source et compétence) de chercher et de neutraliser les failles. Comme les trous de sécurité éventuels sont identifiés et comblés au fur et à mesure, les logiciels libres qui ont des fonctions de sécurité sont vraiment sûrs, à condition toutefois d'être administrés correctement (et en particulier mis à jour très régulièrement).

Solidité des algorithmes cryptographiques

La cryptographie consiste à coder un message en utilisant un secret (par exemple, un mot de passe) et un procédé de codage fondé sur des équations mathématiques. Le procédé utilisé et les équations n'ont pas nécessairement besoin d'être dissimulés au public ; seul l'élément secret doit être mis à l'abri.

L'utilisateur qui a besoin d'un haut niveau de sécurité informatique doit pouvoir vérifier lui-même que le logiciel fait bien ce qu'il est supposé faire. Cela nécessite de pouvoir lire le code source. Le seul secret qui soit vraiment mieux protégé par un logiciel propriétaire, c'est le secret commercial de l'éditeur.

Il existe des exemples de systèmes cryptographiques propriétaires qui se sont révélés réellement faibles. Nous vous donnons ici le pire : le Contents Scrambling System, CSS, qui empêche théoriquement de copier un DVD, bloque également sa lecture sous Linux. Ce système a été « craqué » en 1999 par le Norvégien Jon Johansen alors âgé de quinze ans. La solution, qu'il a baptisée DeCSS, était tellement simple et courte qu'après l'interdiction prononcée par plusieurs pays de la laisser accessible sur Internet, le code source du logiciel DeCSS a été diffusé écrit sur des T-shirts[17].

17. La loi interdit toujours aux États-Unis de lire un DVD avec un

Résistance aux attaques

Autre changement pour les habitués des logiciels propriétaires, il n'y a presque pas de virus[18] dangereux pour un ordinateur qui fonctionnerait exclusivement avec des logiciels libres.

Cette quasi-absence de virus peut s'expliquer par quatre raisons.

- La première, c'est le petit nombre de trous de sécurité dans les logiciels libres et la rapidité avec laquelle les erreurs sont corrigées une fois qu'elles ont été identifiées, conséquences du droit de lire et de modifier le code source.
- La deuxième, c'est la bonne structure interne des systèmes d'exploitation libres, en fait issue d'Unix, qui limite les dégâts faisables par un virus.
- Par ailleurs, il est difficile de programmer une application (y compris un virus) qui fonctionne sur tous les types de Linux ou les systèmes d'exploitation de type BSD. Ceux-ci peuvent en effet être très différents les uns des autres.
- Enfin, un argument classique : les logiciels libres sont encore une toute petite partie du marché, qui n'intéresse donc pas les potentiels programmeurs de virus. La croissance des logiciels libres pourrait-elle donc leur nuire ?

---

logiciel libre. Il est donc impossible dans ce pays de regarder un film sous Linux légalement. Le problème pourrait être résolu en 2005 avec la sortie d'une version Linux du logiciel commercial PowerDVD.

18. L'expression « virus » est utilisée ici pour désigner les trois types de logiciels agressifs : les véritables virus, qui circulent à votre insu et peuvent faire des dégâts dans le système informatique ; les vers, qui n'ont aucune fonction particulière mais se reproduisent en des milliers d'exemplaires d'ordinateur en ordinateur afin de saturer les réseaux de communication ; et les chevaux de Troie, programmes dissimulés sous l'apparence ou à l'intérieur de logiciels utiles ou amusants, qui vont attaquer l'ordinateur dès que l'utilisateur essaiera de les exécuter.

Cette idée, en fait, est contestable : il y a aujourd'hui des virus conçus pour s'attaquer au serveur web IIS de Microsoft, mais pas pour son concurrent libre Apache qui détient pourtant 70 % du marché.

Les logiciels propriétaires semblent, eux, plus sensibles aux virus. Ainsi, *I love you*, qui a provoqué une panique mondiale en mai 2002, utilisait une faille de Outlook Express, un logiciel propriétaire.

De la même manière, les attaques de pirates informatiques contre des serveurs sont plutôt moins efficaces contre les utilisateurs de logiciels libres.

Bien entendu, aucun système n'est infaillible et certaines agressions sont toujours possibles[19], surtout si les logiciels libres utilisés le sont sur un système d'exploitation propriétaire, comme Apache sur Windows Server.

L'attaque peut également être conçue pour tromper l'utilisateur[20] plutôt que le programme. Si quelqu'un dont vous n'avez jamais entendu parler vous envoie par e-mail un programme, il y a fort à parier que celui-ci va faire sur votre ordinateur quelque chose que vous ne désirez pas, même si vous lisez votre courrier avec Thunderbird et surtout si le titre du message est *I love you*.

De même, quand certains sites web vous demandent si vous souhaitez installer tel ou tel programme, la bonne réponse est presque toujours non, quel que soit votre navigateur.

---

19. Même les principaux serveurs de Debian, dont on pouvait attendre une sécurité très élevée, ont pu être piratés, le 19 novembre 2003. Le ou les pirates ont d'abord réussi à trouver un mot de passe en espionnant les connexions internet d'un des utilisateurs. Ils ont ensuite envahi tout le réseau en exploitant un bug dans la sécurité le jour même de l'annonce de cette faille et donc avant que les programmeurs aient eu le temps matériel de la corriger : en argot d'informaticien, il s'agit d'une attaque *zero-day* (qui a lieu le « zéro-ième jour » qui suit l'annonce d'un trou de sécurité).

20. Les spécialistes en sécurité informatique parlent dans ce cas de *social engineering* ou « ingénierie sociale » dans la mesure où ce n'est pas la sécurité du système qui est en cause, mais la crédulité de l'utilisateur.

Protection contre les fonctions indésirables

La sécurité informatique, c'est aussi la lutte contre les fonctions indésirables d'un logiciel, qu'il s'agisse d'espionner vos informations personnelles présentes sur l'ordinateur et de les transmettre sur un serveur, d'afficher des publicités sur votre écran sans votre autorisation, ou « simplement » de se connecter à Internet alors que vous ne le lui avez pas demandé.

Si un logiciel libre avec ce type de fonction était publié, les programmeurs pourraient, en lisant le code source, la découvrir et l'éliminer.

En conclusion, avec les logiciels libres vous aurez gratuitement moins de bugs, moins de virus, moins de piratage et moins de publicité sauvage. Que souhaiter de plus ? À se demander pourquoi des gens utilisent encore des logiciels propriétaires...

Malheureusement, le mode particulier de développement dans le monde du libre peut aussi être à l'origine de faiblesses. Nous allons à présent les analyser.

3.3 Les faiblesses des logiciels libres

La première faiblesse dont sont victimes les logiciels libres, c'est sans doute le poids économique des gros éditeurs de logiciels propriétaires avec lesquels ils sont en concurrence. Microsoft, par exemple, emploie 55 000 personnes dans 85 pays et consacre trois milliards de dollars par an au développement de logiciels[21]. Ce poids leur permet de faire d'importantes campagnes de marketing et de publicité mais aussi de dénigrement[22]. Les principaux éditeurs de logiciels propriétaires ont aussi les moyens d'employer des avocats et de faire

21. Soit seulement 16,8 % de son chiffre d'affaires et autant que son budget publicité.

22. Les logiciels libres sont ainsi parfois présentés comme les œuvres de pirates, de trotskistes voulant détruire l'économie, d'amateurs indignes de confiance, etc. Un exemple : la société SCO, *Santa Cruz Operations*,

valoir leurs droits devant la justice beaucoup mieux que les auteurs indépendants plus ou moins bénévoles et les éditeurs de logiciels libres.

Mais les logiciels libres souffrent aussi de faiblesses inhérentes à leur mode de développement.

a. Formation et support technique

Formation des utilisateurs

Bien que des efforts aient été faits pour simplifier les logiciels libres, certains d'entre eux restent plus compliqués à utiliser. On considère généralement qu'il faut entre une journée et une semaine pour se former à l'utilisation d'un nouveau logiciel. En tant que particulier, vous devrez faire l'effort de prendre en main le nouveau système vous-même. Dans une entreprise, cela se traduit par des coûts de formation qui ne sont pas à négliger.

Formation et coût des administrateurs

Si le temps de formation d'un utilisateur peut être long, le temps de formation des informaticiens de l'entreprise pour administrer un logiciel libre l'est encore plus.

Par ailleurs, la compétence en matière de logiciels libres étant globalement plus rare, elle est aussi plus chère que la compétence en administration ou en formation sur un système plus courant.

Trop d'info tue l'info

La documentation sur certains logiciels libres est fréquemment de mauvaise qualité, souvent destinée de fait à l'auteur lui-même comme un aide-mémoire, ou aux autres contributeurs qui sont tous des experts de l'informatique. Écrire une bonne documentation est un travail difficile. Le fait qu'un programmeur soit bon n'implique pas nécessairement qu'il soit

---

propriétaire du code source d'Unix depuis 1995, a tenté en 2003 de prouver que Linux intégrait du code Unix illégalement. La démarche n'a jamais abouti, SCO n'ayant jamais réussi à présenter une preuve tangible de ses allégations.

capable d'expliquer clairement son système, ni qu'il veuille faire l'effort nécessaire.

Pourtant, la plupart du temps vous ne manquerez pas d'information : elle serait même plutôt pléthorique, avec des centaines de sites web, de listes de discussions ou de « foires aux questions[23] » qui traitent de tous les problèmes possibles, mais il est difficile de s'y retrouver.

Même les ouvrages spécialisés sur tel ou tel logiciel sont (à l'exception de la collection Technique & Pratique !) des pavés que l'on n'a pas envie d'ouvrir.

Ou alternativement, pas assez d'information

Le problème de l'excès de documentation vaut pour un produit ayant une large diffusion. Les logiciels libres un peu moins connus sont parfois dépourvus de toute information utilisable par un néophyte. La documentation se résumant quasiment, dans le pire des cas, au code source.

Fini le support informel

Pour un utilisateur individuel, le passage au logiciel libre signifie qu'il ne pourra peut-être plus demander à son beau-frère ou à son petit-fils de l'aider à résoudre un problème technique. Il pourra peut-être trouver de l'aide sur Internet, mais elle sera évidemment moins facile d'accès.

Cet aspect ne doit pas être négligé par les particuliers qui voudraient installer ce type de logiciels sur leur ordinateur et qui pourraient alors se retrouver sans aucun support technique, surtout en ce qui concerne les logiciels téléchargés gratuitement ! Mais attention, votre petit frère, ou votre voisin dans la salle informatique de votre université, peut aussi se révéler un expert des logiciels libres. Une seule solution pour le savoir : il faut demander.

D'ailleurs, si vous avez un « linuxien » sous la main, il sera généralement très content de vous aider, bien plus qu'un uti-

23. FAQ, traduction astucieusement choisie de l'anglais FAQ, *Frequently Asked Questions*.

lisateur de Windows, parce que cela contribuera à développer ses logiciels préférés. Pas de scrupules : exploitez-le.

La compatibilité avec les nouveaux matériels

Un constructeur ne sort pas un nouveau matériel informatique sans avoir vérifié qu'il fonctionne correctement avec les principales versions de Windows.

La même vérification n'est en général pas faite pour les principaux systèmes libres, à cause de la petite taille du marché concerné. Les pilotes (ou *drivers*) nécessaires à l'utilisation de logiciels libres sur un nouvel ordinateur finissent généralement par être disponibles soit auprès du fabricant du matériel, soit sur des sites spécialisés dans le logiciel en question, mais seulement quelques mois plus tard[24].

b. Absence de garantie

Les logiciels libres gratuits téléchargés sur Internet sont « livrés » sans garantie d'aucune forme, et ne permettent aucune indemnisation si leur utilisation entraîne pour vous des pertes de données ou d'autres types de dégâts.

Les logiciels commerciaux, eux, peuvent théoriquement engager la responsabilité des éditeurs au titre du droit européen[25] sur les produits défectueux.

Point important : ceci s'applique même si la licence du logiciel prétend dégager l'auteur et l'éditeur de toute responsabilité concernant l'usage du logiciel. Le contenu d'un contrat ne dispense pas les gens qui le signent d'appliquer la loi. Ainsi, la licence Microsoft EULA[26], qui est la licence pas du tout libre de la plupart des logiciels Microsoft, indique que la responsabilité de l'éditeur ne peut dépasser le remboursement

---

24. Leur développement est compliqué par la non-publication des caractéristiques techniques du matériel en question en dehors du cercle fermé des éditeurs de logiciels partenaires du constructeur. Il n'y a pas que les éditeurs de logiciels propriétaires qui protègent jalousement leurs secrets de fabrication.

25. Directive 1985/374.

26. *End User License Agreement.*

du logiciel mais précise que certaines législations supplantent ces dispositions.

> *Certaines juridictions ne permettent pas les limitations de durée d'une garantie, de sorte que la limitation ci-dessus peut ne pas vous être applicable. Dans la mesure permise par la loi applicable, toute garantie implicite du logiciel, le cas échéant, est limitée à quatre-vingt-dix (90) jours* [...]
> *Dans la mesure permise par la loi applicable, Microsoft et ses fournisseurs excluent toute autre garantie et condition.* [...]
> *La responsabilité de Microsoft en vertu de toute disposition du présent contrat de licence utilisateur final ne saurait excéder le plus élevé entre 1) Le montant que vous avez effectivement payé pour le logiciel ou 2) Un montant équivalent à 5 dollars américains en devise étrangère.*
>
> Extraits de la licence de Microsoft Word 2003

Bien entendu, il n'est pas toujours facile de faire jouer la garantie en cas de problème.

Dans le cas d'un logiciel libre, si l'auteur n'est pas clairement identifié, la garantie peut être portée par le distributeur (dans le cas d'une distribution payante comme Mandriva) car en tant qu'intégrateur, il se pose de fait comme le certificateur de la qualité de son produit. Cette approche n'a cependant jamais été confirmée par une jurisprudence.

Si en revanche vous avez téléchargé un logiciel gratuit sur Internet, les exclusions de responsabilité fonctionnent pleinement.

c. Faible vitesse de développement

En l'absence de pression commerciale, le développement des logiciels libres n'est pas nécessairement très rapide. La phase d'identification et de correction des bugs allonge également le processus. Cette situation peut être handicapante dans certains cas même si elle permet d'obtenir une meilleure qualité au bout du compte.

D'ailleurs, quand les mises à jour se révèlent rapides, les spécialistes de logiciels libres s'en plaignent. Ainsi, la publication fréquente de nouvelles versions de Linux a suscité la protestation des développeurs de logiciels libres et des prestataires de service. Ceux-ci n'arrivaient plus à mettre à jour leurs propres programmes assez vite pour qu'ils restent compatibles avec toutes les versions du système.

Conséquence : si vous êtes vraiment pressé d'obtenir un logiciel particulier, ou une fonction précise dont vous avez besoin, la seule solution sera de le faire vous-même ou de commander le développement (au prix fort, très probablement) à une société spécialisée.

Dans le cas de certains logiciels ou de certaines fonctions compliquées et fastidieuses à programmer, ou qui ont peu d'utilisateurs, il peut même arriver qu'il n'existe aucun équivalent libre. Par exemple, il n'y a pas aujourd'hui de logiciel libre de comptabilité professionnelle[27]. La création multimédia est aussi un domaine où il n'y a que des logiciels propriétaires.

d. Performance pas toujours optimale

Les logiciels libres sont en général de grande qualité au sens où leur code contient peu d'erreurs. En revanche, le fait de travailler avec de nombreux programmeurs n'est pas toujours compatible avec l'optimisation du code en termes de temps de calcul. En bref, les logiciels libres ne sont pas conçus pour battre les logiciels propriétaires spécialisés à la course.

Il est extrêmement peu probable, si vous êtes un utilisateur individuel, que vous ressentiez un impact négatif en termes de performances en utilisant des logiciels libres. Très, très peu de particuliers utilisent des logiciels optimisés. La plupart des temps d'attente sur un ordinateur personnel ne sont pas des temps de calcul mais s'apparentent plutôt aux conséquences d'une programmation de mauvaise qualité.

27. Cependant, un projet libre pour le faire existe ; cette situation pourrait donc changer à moyen terme.

En revanche, si votre besoin professionnel demande de faire énormément de calculs ou d'accès système très rapides, les logiciels libres ne sont pas vraiment recommandés. Les comparaisons entre les logiciels libres et les non-libres fondées sur un nombre d'opérations par seconde sont presque toujours à l'avantage des seconds.

> « Windows Server 2003 offre comme serveur de fichiers une performance significativement meilleure que Linux RedHat serveur 2.1 et que Linux RedHat professionnel 8.0 sur les ordinateurs que nous avons testés. »
>
> Veritest (`www.veritest.com`)
> Rapport *Microsoft Windows Server 2003 vs Linux competitive file server comparison*
> (Étude financée par Microsoft.)

e. Absence de valeur ajoutée industrielle

Le dernier point faible des logiciels libres tient à leur rôle dans l'économie. Les logiciels libres sont en principe largement distribués sur Internet. Tous les utilisateurs d'ordinateurs y ont accès. En conséquence, l'utilisation d'un logiciel libre ne peut pas être un facteur majeur de différenciation commerciale entre deux entreprises.

Tout ce qu'un logiciel libre peut faire, c'est être un outil efficace, réduire les coûts, éventuellement aider à améliorer la productivité.

Quand un logiciel a une valeur en lui-même, et n'est pas un instrument pour réaliser autre chose mais qu'il représente une fin en soi, les licences libres ne sont généralement pas adaptées. Exemple : un logiciel de jeu vidéo pour une entreprise dont le business est de vendre des consoles[28].

---

28. Il existe cependant des jeux d'ordinateurs sous licence libre, comme FreeCiv 2, souvent parce qu'ils ont été programmés par des passionnés bénévoles. Il peut également s'agir de logiciels déjà anciens, diffusés au public par leur éditeur d'origine pour faire plaisir aux fans ou pour gêner un concurrent.

3.4 Aspects communs aux logiciels libres et aux logiciels propriétaires

Certaines faiblesses des logiciels libres ne leur sont en fait pas spécifiques, et peuvent aussi bien toucher des logiciels non libres.

a. Vulnérabilité face aux brevets logiciels

Intérêt des brevets

Vous avez peut-être entendu parler dans la presse du débat sur les brevets logiciels. Le système des brevets permet à tout inventeur de conserver le monopole de l'exploitation commerciale de son invention pendant une durée déterminée (en général vingt ans). C'est un formidable moteur pour encourager les investissements innovants.

Il s'agit donc d'un bon système. Mais il n'est réellement utilisable que par les grosses entreprises : protéger une invention dans toute l'Europe coûte environ 100 000 euros.

Difficultés spécifiques aux brevets logiciels

La notion de brevet, qui a été conçue pour protéger des innovations industrielles, doit-elle s'appliquer de la même façon aux logiciels ? Pas sûr : en premier lieu, la durée standard d'un brevet, vingt ans, est très longue comparée au rythme d'évolution de l'informatique.

Mais surtout, le principe général concernant les brevets, c'est que l'on peut breveter la mise en œuvre d'une idée, mais pas l'idée elle-même car elle peut faire l'objet d'une « réinvention indépendante » : vous pouvez avoir la même idée que votre voisin, cela ne prouve pas qu'il y ait eu copie. C'est seulement dans le cas où la réalisation pratique est identique, comme deux copies du bac semblables mot pour mot, que la copie est manifeste et que le brevet est là pour protéger l'invention. Or, les logiciels étant des créations de l'esprit, permettre de breveter un logiciel, c'est dans les faits permettre de breveter n'importe quelle idée.

Aujourd'hui, les administrations américaine et japonaise acceptent de breveter des logiciels, et valident à elles deux 50 000 brevets chaque année dans ce domaine, tandis que l'Europe a exclu cette possibilité dans la Convention de Munich du 5 octobre 1973.

Dans l'Union européenne, un logiciel peut être breveté uniquement si c'est un composant d'un procédé industriel. 10 000 brevets de ce type ont déjà été acceptés par l'OEB, l'Office européen des brevets.

Cependant, des discussions sont en cours au niveau européen pour changer cette convention, et opposent les États membres, en majorité favorables aux brevets logiciels[29], et le Parlement européen mené par le rapporteur français Michel Rocard, qui y est fermement opposé.

Cas des brevets aberrants

Vous pourriez croire que les offices des brevets, qui sont là dans chaque pays pour enregistrer les nouvelles inventions, s'arrangent pour n'accepter que de réelles découvertes. Ce n'est malheureusement pas la vérité. Dans les pays où l'on peut breveter des logiciels, de nombreux brevets ont été déposés et acceptés par les offices nationaux sur des idées simplistes ou du moins pas particulièrement innovantes[30].

Quelques exemples provenant des États-Unis : Microsoft détient le brevet sur le test d'égalité entre deux variables, Amazon sur l'achat d'un objet en ligne en cliquant une seule fois sur la souris, Apple sur la « corbeille » permettant d'effacer les fichiers et autres données et sur l'inversion des couleurs quand on sélectionne un texte et qu'il devient blanc sur fond noir.

Les entreprises en question peuvent donc en théorie réclamer une compensation financière, voire l'arrêt des ventes

---

29. Ils ont adopté au Conseil de l'Union européenne du 7 mars 2005 une proposition dans ce sens.

30. Cela ne s'applique pas qu'aux logiciels : un farceur australien a même réussi à breveter la roue et l'eau chaude.

incriminées, à toute autre société qui utiliserait l'« invention » brevetée sur le territoire américain. En pratique, ces brevets leur servent avant tout à préserver un équilibre où quasiment personne n'ose attaquer personne de peur de ce que la justice pourrait conclure.

La société américaine Immersion a cependant récemment réussi à faire condamner Sony[31] en vertu d'un brevet sur les manettes de jeu vibrantes.

Ce n'est pas l'idée de faire vibrer les manettes qui est brevetée, mais la vibration en synchronisation avec le jeu, le principe d'utiliser deux moteurs et l'emplacement de ces moteurs dans la manette.

La réponse officielle de Sony est que sa technologie *dual-schock* a été développée en interne, que l'idée de faire vibrer les manettes en synchronisation avec le jeu est évidente, et que les similitudes concernant la position des moteurs sont fortuites. Sony a d'ailleurs fait un recours contre le jugement. La société japonaise peut continuer à vendre ses consoles aux USA en attendant les résultats du procès en appel.

Par ailleurs, des brevets portant sur les formats de fichiers et les protocoles de communication existent. Il pourrait en résulter des situations absurdes : deux ordinateurs branchés ensemble mais ne pouvant communiquer, car l'un des deux parlerait une « langue » que l'autre n'aurait pas le droit d'employer.

Les brevets logiciels peuvent parfois être remis en cause en justice, notamment pour défaut manifeste de nouveauté : ainsi Amazon a perdu son procès contre la librairie en ligne américaine Barnes & Nobles, accusée d'avoir plagié l'« achat en un clic ». Mais les procédures pour arriver à un tel résultat prennent beaucoup de temps et coûtent très cher en honoraires d'avocats.

31. En première instance, à 90,7 millions de dollars américains de dommages et intérêts et au retrait de la dernière console de jeu *Playstation 2* du marché américain.

Risques pour les petites entreprises et les logiciels libres

Les grandes entreprises, détentrices de nombreux brevets, se tiennent en respect et n'osent pas s'attaquer les unes les autres par peur de contre-attaques. Mais les petits éditeurs de logiciels, aussi bien que les concepteurs de logiciels libres, n'ont pas toujours les mêmes moyens pour déposer des brevets ou engager des batailles juridiques.

Or, il est certain que les logiciels libres violent tous au moins un brevet, notamment parmi ceux qui « protègent » des idées complètement élémentaires. Si un jour les grands éditeurs veulent faire jouer ces brevets, et si la justice les suit, les logiciels libres deviendront automatiquement interdits dans les pays correspondants (dans le cas de la France, cela relève du droit européen). C'est d'ailleurs cette crainte qui a décidé la ville de Munich à renoncer récemment à un passage des systèmes informatiques municipaux sous logiciels libres[32]. Pourtant, dans le même temps, des agences gouvernementales allemandes ont abandonné leurs contrats avec Microsoft pour passer à Debian Linux.

Le risque lié aux brevets logiciels est cependant atténué pour quatre raisons objectives.

- D'abord ils ne s'appliquent pas pour l'instant en Europe, mais uniquement au Japon et aux USA.
- Ensuite, des sociétés très importantes (comme IBM) et des pays entiers (comme la Chine) ont choisi d'utiliser les logiciels libres, ce qui peut avoir du poids dans une décision de justice.
- De plus, pour les grands éditeurs de programmes, les logiciels libres représentent une concurrence somme toute modeste. Ils peuvent même être utiles, comme quand ils fournissent à Microsoft un prétexte fort peu cher payé pour affirmer que cette société n'est pas en situation de

32. Ce qui ne manque pas d'ironie puisque c'est précisément à Munich que le traité européen sur la non-brevetabilité des logiciels a été signé en 1973.

monopole sur les systèmes d'exploitations d'ordinateurs personnels.

– Enfin, la justice, en l'occurrence américaine, a prouvé dans le cas de l'achat en un clic, prétendument la propriété d'Amazon, qu'elle savait user de discernement.

Les brevets logiciels pourraient présenter un intérêt s'ils coûtaient moins cher, pour être accessibles à tous, et s'ils duraient moins longtemps, pour rester compatibles avec le rythme actuel de l'innovation dans les nouvelles technologies. Mais surtout, ils ne devraient être acceptés que sur des inventions réellement innovantes et originales.

b. Ergonomie

Une critique souvent faite aux logiciels libres est que ceux-ci seraient moins « jolis » et moins faciles d'utilisation que les logiciels propriétaires.

Il est vrai que les informaticiens qui développent les logiciels ne sont pas toujours préoccupés par les questions de design et d'ERGONOMIE. De plus, afficher des graphiques de grande qualité prend beaucoup de ressources système et peut ralentir l'ordinateur, quel que soit le statut du logiciel, ce qui est contre-productif et n'est pas en général bien vu par les informaticiens purs et durs. Cependant, des logiciels libres comme KDE ou Gnome permettent d'avoir une interface graphique professionnelle de qualité dans un environnement libre, en l'occurrence Linux.

Comme la facilité d'utilisation et la qualité du design sont des critères somme toute très subjectifs, nous vous recommandons d'essayer quelques logiciels libres et de vous fier à votre propre opinion.

c. Coût de sortie d'un logiciel propriétaire

Vous êtes peut-être, au moment où vous lisez ce paragraphe, déjà prisonnier d'un système d'exploitation (dont le nom commence probablement par Windows), ne serait-ce que parce qu'il a été livré, souvent sans que l'on vous demande votre avis, avec votre ordinateur.

En tentant d'installer Linux, ou de passer à un ordinateur sous MacOS, vous risquez de subir le coût de sortie de Windows, c'est-à-dire qu'indépendamment du nouveau système et des fonctionnalités qu'il vous apporte, c'est l'absence de l'ancien qui va vous compliquer la vie. Par exemple, certains anciens fichiers ne pourront peut-être plus être lus dans le nouvel environnement.

Des programmes que vous appréciez n'existent peut-être pas ou n'ont pas d'équivalent dans le nouvel environnement. Cela risque d'arriver, en particulier, pour des logiciels de jeu.

Le coût de sortie peut même être électronique : un grand nombre d'ordinateurs sont équipés, en guise de modem, d'un winmodem qui ne fonctionne que sous Windows.

Nous avons vu dans ce chapitre les différentes caractéristiques des logiciels libres, conséquences indirectes de la façon dont ils sont programmés.

Ils ont des qualités. Ils ont aussi des défauts. Mais au final le concept fonctionne et rapporte de l'argent : c'est l'objet du chapitre suivant.

Chapitre 4

Pourquoi les logiciels libres montent en puissance

Le succès des logiciels libres, qui sont de plus en plus utilisés, ne repose pas seulement sur leurs qualités intrinsèques mais aussi sur un contexte informatique et économique favorable.

4.1 Le contexte informatique

Le succès des logiciels libres est encore modeste, mais il se traduit déjà par une croissance de plus de 35 % par an. Cette réussite est bien entendu liée aux aspects techniques décrits dans le chapitre précédent, mais également à la conjonction de trois grandes tendances : le développement d'Internet, les progrès de la standardisation, et la croissance de l'économie des services[1].

a. Internet

Dans le monde universitaire, les échanges d'informations sont la base du travail des chercheurs. Cela se fait depuis longtemps sous la forme de publications dans des journaux techniques spécialisés. Les chercheurs en informatique avaient besoin d'un outil plus réactif : ils utilisèrent le réseau américain d'origine militaire Arpanet, créé en 1969 et qui devint l'Internet que nous connaissons aujourd'hui[2].

1. Pour plus de détails sur cette approche, voir Tim O'Reilly, *The Open Source Paradigm Shift*.

2. Le nom d'Internet est issu du protocole de communication IP (Internet Protocol) créé en 1974 pour Arpanet par Vinton Cerf et Robert

La naissance du modèle de développement d'un logiciel libre par de nombreux contributeurs n'a été possible que grâce à ces réseaux et à leur généralisation. La création ou la modification d'un logiciel exige beaucoup de travail mais sa duplication et sa diffusion sont quasiment gratuites par Internet. Le développement collectif de logiciels est donc efficace et astucieux sur le plan économique.

b. La standardisation des systèmes et des données

L'un des facteurs du succès d'Internet est la standardisation qui permet à des ordinateurs équipés de différents logiciels de se connecter. Les informations sont facilement partagées grâce à des formats de données accessibles à tous (comme le format de page web « .html »).

Cette ouverture a permis aux programmeurs de logiciels libres de proposer des solutions interchangeables avec les logiciels commerciaux grand public. Ainsi, Firefox peut remplacer Internet Explorer et lire les mêmes fichiers dans les mêmes conditions, Thunderbird est équivalent à Outlook Express, et le logiciel pour serveur web Apache est l'équivalent de IIS de Microsoft.

c. La croissance des services

L'ensemble de l'économie mondiale du début du XXIe siècle est de moins en moins manufacturière, et le secteur en croissance est celui des services.

Les logiciels comme outils pour fournir des services

L'activité d'une entreprise de services nécessite l'utilisation de logiciels comme outils pour produire et fournir les services : peu importe quel logiciel est utilisé pour taper, par exemple, le rapport d'une étude. Dans un tel contexte, c'est le service, en l'occurrence les résultats de l'étude présentés dans

Kahn, et toujours utilisé aujourd'hui.

le rapport, qui a réellement de la valeur, et il est possible de changer de logiciel sans baisser la qualité du service.

Dans ce cadre, un logiciel efficace, fiable et peu coûteux est idéal, et les logiciels libres sont parfaitement adaptés.

Les logiciels comme objets de services

Avec le développement des services, la valeur d'une activité est de moins en moins concentrée dans un achat réalisé en une fois, mais dans tous les services qui peuvent être fournis en annexe pendant toute la vie du produit.

Les logiciels libres n'ont pas un coût d'achat très important à l'unité, et il est quasiment toujours possible de les télécharger gratuitement sur Internet. Ils ne sont donc pas adaptés à une économie reposant sur la vente.

En revanche, leur développement est facilité par une économie fondée sur les services, puisqu'ils sont susceptibles d'engendrer les mêmes services que les logiciels propriétaires.

Quand vous achetez (ou téléchargez sur Internet) un logiciel, il est déjà passé par les étapes suivantes :

- développement du logiciel ;
- documentation ;
- packaging (y compris inclusion dans une distribution avec d'autres logiciels) ;
- marketing, vente, livraison.

À partir du moment où vous avez acquis le logiciel, il devient possible de vous proposer (ou de proposer à votre entreprise) toute une série de services :

- installation, intégration, paramétrage ;
- formation, conférences ;
- assistance technique ;
- services complémentaires (tels que consulting, développements annexes, garanties, etc.).

Les différentes étapes de la création du logiciel et l'ensemble des services possibles ont un coût mais aussi une valeur marchande importante.

Dans le cas d'un logiciel libre téléchargé gratuitement sur Internet, ni le développement ni la diffusion (marketing, vente, livraison) ne peuvent être facturés au client. Les autres étapes, en revanche, gardent toute leur justification économique.

4.2 L'économie des logiciels libres

Du point de vue de l'utilisateur, l'emploi de logiciels libres est justifié par leur qualité et leur faible coût.

Pour leurs auteurs, les logiciels libres ne permettent pas toujours de faire beaucoup de profits sur leur diffusion, mais suscitent des activités rentables de services (décrites page 73) et de vente d'autres produits (matériels et logiciels).

a. Principes d'économie des logiciels

Structuration du marché

Le marché mondial des logiciels vendus dans le commerce représente environ 60 milliards de dollars américains par an, et certains éditeurs de logiciels ont fait ou font encore des profits immenses.

Ce marché est, de fait, soumis à ce que l'on appelle un oligopole : un petit nombre de très grosses sociétés (y compris Microsoft, mais aussi Adobe, Symantec...) se partagent presque tout le marché de l'édition de logiciels.

De très nombreuses petites entreprises fournissent aussi des logiciels spécialisés et sont souvent reconnues sur leur segment du marché, mais elles sont très loin d'avoir le poids des plus gros éditeurs.

Les logiciels que vous ne verrez jamais

Les logiciels que l'on peut acheter dans le commerce ne sont que la partie émergée de l'iceberg. La majorité des logiciels qui existent ont été développés par une entreprise en interne pour ses propres besoins. Ils peuvent être inclus dans du matériel électronique qu'ils font fonctionner[3]. Dans tous les cas ils ne se retrouvent jamais dans un magasin ni en téléchargement sur Internet.

Dans la suite de cet ouvrage, nous laisserons cependant de côté ce type de logiciels. Ils sont généralement très spécialisés et liés à une électronique trop spécifique pour que les logiciels libres présentent un intérêt.

Un coût pour les entreprises

Peu de sociétés ont pour vocation de vendre des logiciels, mais toutes ou presque utilisent l'informatique comme outil pour faire fonctionner leur activité. Une part importante d'entre elles emploient des informaticiens professionnels pour maintenir leur système en état de fonctionnement. L'informatique est donc pour elles un outil auquel correspond un coût nécessaire.

Dans ce contexte, les logiciels libres permettent souvent de faire des économies. Ils n'augmentent peut-être pas la valeur ajoutée[4], mais ils diminuent la facture.

L'analyse des différents modes de développement informatique montrera comment la programmation de logiciels libres permet de mieux répartir les coûts et les risques de développement.

b. Trois modèles de développement

Il y a essentiellement trois façons de créer un logiciel : le développement par l'éditeur qui envisage de le vendre au détail, le développement sur commande au sein d'une entreprise qui en a besoin, et le développement libre.

---

3. Une voiture, même bas de gamme, comporte déjà une vingtaine de processeurs.

4. Peu de logiciels le font, de toute façon.

Le développement pour la vente au détail

Les éditeurs de logiciels ont financé, en rémunérant leurs salariés, la création des logiciels que vous trouvez dans le commerce. Quand le logiciel est prêt, c'est encore cette entreprise qui investit dans l'emballage, la publicité, la diffusion, etc. Toutes choses que vous contribuez à rembourser à l'éditeur quand vous faites l'achat d'un logiciel dans une boutique.

L'échec du projet est toujours possible. Les informaticiens peuvent ne pas réussir à terminer le projet dans les délais ou le budget prévu, mais il arrive aussi qu'un logiciel techniquement réussi soit un échec commercial. Dans le développement pour la vente au détail, c'est l'entreprise et ses actionnaires qui supportent le risque d'échec du projet.

L'essentiel de la valeur d'un logiciel est dans sa conception et le coût de duplication est très faible. En conséquence, si le logiciel est un succès, l'entreprise pourra en vendre un grand nombre d'exemplaires qui lui coûteront peu à l'unité[5], donc faire des profits très importants.

Le développement en interne

Vous pouvez décider, si vous en avez la compétence, de développer vous-même les logiciels dont vous avez besoin. De la même manière, une entreprise peut faire réaliser ces logiciels par ses salariés ou par des consultants payés spécialement pour cela. Dans tous les cas, on appelle cela un développement en interne.

Une entreprise qui fait créer un logiciel par des consultants devrait toujours exiger par contrat d'être propriétaire du code source produit, afin de ne pas se retrouver dépendante de la même société pour les services futurs.

Si la programmation est faite en interne, le risque que le projet n'aboutisse pas est généralement porté par le particulier ou l'entreprise qui commande le développement, c'est-à-dire par l'utilisateur. Dans le cas d'un développement par un

5. À ce stade, les dépenses les plus importantes seront en fait le marketing et la publicité.

consultant, le contrat peut inclure une prise de risque par le prestataire.

Notons qu'un logiciel qui apporte une réelle valeur ajoutée innovante à l'entreprise, qui lui permettra de faire la différence et même pourquoi pas d'écraser ses concurrents, doit nécessairement être développé en interne. Il est hors de question que les concurrents en question y aient accès.

Le logiciel libre

Le troisième mode de développement possible pour un logiciel est le développement libre.

Le recours au logiciel libre peut prendre la forme d'une utilisation de code libre existant, ou de la distribution d'un prototype à la communauté pour susciter des contributions bénévoles. Ces deux possibilités pouvant d'ailleurs être mises en œuvre à la suite.

Les développeurs de logiciels libres, soucieux de diffuser leur travail le plus largement possible, accueillent généralement bien l'implication des entreprises.

Le recours à cette communauté commence presque toujours comme un développement en interne, par une personne ou une petite équipe. Lorsqu'un prototype du logiciel comportant déjà des fonctions vraiment utiles est prêt, il peut être diffusé plus largement et commencer à susciter l'intérêt d'autres utilisateurs potentiels. Il est important que le développeur ou l'entreprise prenne alors en main le pilotage du projet libre, tout en continuant à s'impliquer dans son développement, pour le mener dans une direction profitable pour lui.

Si le programme dont une société a besoin est trop compliqué ou fastidieux à programmer pour intéresser des bénévoles, il devra être développé en interne. Mais adopter dans ce cas le modèle du logiciel libre permet de ne pas tout réécrire depuis la première ligne : les développeurs pourront peut-être utiliser le travail déjà effectué sur d'autres logiciels par la communauté du logiciel libre. C'est même le slogan de la société TrollTech, éditeur de l'environnement de programmation Qt[6] : « Développez moins. Créez plus. »

L'entreprise concernée, une fois qu'elle a développé ou fait développer un programme, peut encore jouer le jeu du libre et diffuser celui-ci avec son code source sous une licence libre. Si des développeurs sont intéressés par les fonctions proposées et voient que l'entreprise créatrice s'implique, ils seront motivés pour corriger les erreurs et apporter des améliorations.

Le développement libre permet ainsi de répartir les coûts et le risque d'échec du projet sur une communauté. Le bénéfice que cela représente pour une entreprise peut largement compenser l'énergie qu'elle aura dépensée pour motiver et faire produire une équipe bénévole.

Certaines entreprises considèrent même que cela justifie le passage de leur travail sous licence libre : elles peuvent alors réutiliser du code sous licence de type *copyleft* comme la GPL. Mais il est possible d'éviter cela en utilisant uniquement du code sous licence sans *copyleft*, comme BSD ou Apache (le projet Jakarta, sous licence Apache, semble particulièrement apprécié par les entreprises).

Cycle de vie d'un logiciel : l'exemple de DOOM

DOOM est un jeu d'ordinateur publié par ID Software fin 1993, dont le scénario consiste à tuer avec différentes armes des quantités de monstres rencontrés dans un labyrinthe. Jusque-là, rien de très remarquable, direz-vous, la violence gratuite n'a pas été inventée au XXe siècle. En fait, l'apport de DOOM fut la qualité des graphismes. En utilisant un système de gestion de l'affichage révolutionnaire, les programmeurs de ce logiciel avaient réussi à proposer un aspect visuel très supérieur à tout ce qui se faisait sur les processeurs de l'époque.

6. Qt est distribué avec son code source et régi sur la base de la QPL, c'est-à-dire la *Qt Public License*. Ce n'est pas une licence libre mais elle s'en rapproche fortement.

Succès assuré. DOOM prit en quelques mois une part significative du marché des jeux informatiques.

Même si les secrets de fabrication du jeu étaient jalousement gardés, les concurrents tentèrent d'imiter la qualité graphique de DOOM. Ils furent sans doute motivés par la preuve, avec l'exemple de DOOM, puis à partir de fin 1994 de DOOM 2, que ce résultat était possible, mais furent aussi aidés par le développement de la puissance des processeurs.

En 1996, les auteurs de Duke Nukem, un jeu concurrent de DOOM, sortirent finalement Duke Nukem 3D, dont les graphiques représentaient une nouvelle référence. La même année, le jeu Quake proposa aussi un style original de gestion des affichages.

Dans le même temps, DOOM, sous la pression de la concurrence, s'offrit une nouvelle vie en publiant ses spécifications, c'est-à-dire non pas son code source, mais un grand nombre de caractéristiques techniques permettant aux fans du jeu de développer de nouvelles aventures, ce qui donnait plus de valeur commerciale au jeu de base, d'autant que celui-ci restait indispensable pour pouvoir jouer.

Grâce à ses graphismes, réellement innovants à l'époque (et qui ne furent pas facilement égalés) puis à la publication de spécifications, DOOM a pu continuer à occuper le marché des jeux pendant quatre ans, ce qui est exceptionnel pour un jeu informatique.

Cela dura jusqu'à ce que, le chiffre d'affaires fléchissant et les concurrents proposant toujours de nouvelles innovations, le maintien de DOOM sur le marché perde graduellement du sens.

L'éditeur, ID Software, décida finalement en 1997 de publier le code source sous licence GPL et de livrer ainsi le jeu à la communauté du logiciel libre. Cela constituait un geste envers les fans qui voulaient développer une version Linux et faire bénéficier tout le monde des idées qui pourraient en ressortir. Cela a aussi, sans doute, permis à l'éditeur de gêner une dernière fois ses concurrents.

c. Spécificités des logiciels libres

Pour bien comprendre le modèle économique des logiciels libres s'appuyant sur la vente de services et produits annexes et la réduction des coûts, il nous faut revenir ici sur quelques idées sur lesquelles le succès de ces logiciels *n'est pas* fondé.

Est-ce une nouvelle économie ?

La réponse est non.

La « nouvelle économie » était une expression à la mode pour expliquer l'envolée des cours boursiers des entreprises des secteurs des télécommunications et de l'informatique dans les années 1995-2000.

L'histoire nous a appris qu'il s'agissait d'une « simple » bulle spéculative dont l'« exubérance irrationnelle[7] » s'est résorbée entre 2000 et 2002, au détriment de nombreux actionnaires mais en permettant un certain assainissement du marché.

Aujourd'hui, le logiciel libre n'a rien d'une utopie ou d'un monde à part. L'ensemble de l'activité économique liée au seul logiciel Linux a été estimée à 12,3 milliards de dollars américains en 2004[8].

La reconnaissance de la valeur économique des logiciels libres est d'ailleurs le cheval de bataille de l'OSI, association dont nous avons vu page 28 qu'elle se propose d'être l'outil de marketing des logiciels libres à destination des acteurs économiques traditionnels et en particulier des décideurs au sein des entreprises et des administrations.

Est-ce que c'est gratuit ?

Pas nécessairement : les logiciels libres peuvent souvent, en effet, être téléchargés sur Internet, mais il peut être utile de

---

7. L'expression est d'Alan Greenspan, le directeur de la réserve fédérale américaine, et date de 1999.

8. Source : IDC, rapportée sur `www.01net.com` . Attention ce chiffre comprend l'ensemble des activités de services. Ce n'est pas une partie du chiffre cité plus haut de 60 milliards de dollars pour le total mondial des ventes de licences, tous logiciels confondus.

payer pour bénéficier d'une série de programmes prévus pour fonctionner ensemble (une distribution), d'une documentation et d'une assistance technique.

Dans le cas d'une programmation en interne, le développement est financé par l'entreprise ou l'administration demandeuse, même si le modèle de développement libre permet de réduire les coûts.

Est-ce que Linux va remplacer Windows ?

C'est une question fréquemment posée et qui passionne de nombreux militants du logiciel libre. Les logiciels libres ont de nombreux atouts. D'un autre coté, Microsoft est une entreprise extrêmement puissante et « Dieu est d'ordinaire pour les gros escadrons contre les petits[9] ».

La position des logiciels libres sur les marchés émergents (pays en voie de développement) devrait être facilitée par leur faible coût. C'est pourtant la société Microsoft qui a signé le 17 novembre 2004 un partenariat avec l'UNESCO pour lutter contre la « fracture numérique » entre le Nord et le Sud. Aucun éditeur de logiciels libres aujourd'hui n'aurait eu le poids économique suffisant pour le faire.

Linus Torvalds a lui-même déclaré qu'il ne pensait pas que Linux puisse remplacer les produits Microsoft, mais qu'il avait le potentiel pour prendre une part importante du marché. Linux équipait, en juin 2001, 29,6 % des serveurs dans le monde, et en 2002 seulement 1,7 % des ordinateurs personnels[10].

La réponse semble donc de nouveau négative. Mais elle n'empêche pas que les logiciels libres puissent avoir des perspectives d'avenir très encourageantes tant pour les particu-

9. La phrase est de Roger de Bussy-Rabutin, membre de l'Académie française de 1665 à 1693.

10. Ces chiffres ont été estimés, respectivement, par les sociétés d'études Netware et IDC. Ils sont présentés dans l'article *Why open source software/Free software ? Look at the numbers !* de David Wheeler, disponible sur le site `www.dwheeler.com/oss_fs_why.htm`. L'article présente des chiffres plus récents mais qui ne nous ont pas paru avoir la même fiabilité.

liers que pour les entreprises utilisatrices et pour les éditeurs de logiciels. Et si la suprématie de Microsoft sur les PC est difficilement contestable, Linux deviendra sans doute rapidement leader sur les serveurs. D'ailleurs, comme le fait par exemple remarquer Dan Kuznetsky, de la société de consulting IDC, « la part de marché de Linux croît beaucoup plus vite que nous ne l'avions prévu. Nous projetions qu'il serait numéro deux [sur les serveurs] en 2002 ou en 2003. Et c'est arrivé en 1999 ».

d. Comment gagner de l'argent avec les logiciels libres ?

Il a été dit que les logiciels libres étaient nuisibles à l'économie : des programmeurs diffusant gratuitement le fruit de leur travail gaspilleraient une valeur économique. C'est bien entendu la société Microsoft qui est le premier défenseur de cette théorie.

> « [La licence GPL constitue un] découragement au développement de logiciels commerciaux, générateurs de valeur économique, en termes de propriété intellectuelle [...] Cette licence réduit voire annihile la relation symbiotique qui existe entre la recherche académique et gouvernementale et l'ensemble de la communauté commerciale. »
>
> Microsoft *Shared source report* (2001)

Eric Raymond remarquait pourtant dans son recueil *Hacker FAQ* que « jusqu'ici, l'industrie du logiciel libre semble être créatrice d'emplois plutôt que destructrice ».

Une chose est certaine : les logiciels libres sont promus aujourd'hui par des entreprises comme IBM et Hewlett Packard, qui ne sont pas connues pour leur engagement philanthropique.

En se plaçant du point de vue d'un développeur de logiciels, examinons maintenant les différentes façons dont il est possible de transformer un logiciel libre en business.

La vente de services

Si les logiciels libres permettent aux entreprises de faire des économies grâce à leur faible coût et leur grande fiabilité, la vente de services annexes à un logiciel libre gratuit reste une activité tout ce qu'il y a de plus commerciale.

Le coût de la licence d'un logiciel propriétaire, pour une entreprise, représente souvent moins de 10 % du coût total de possession d'un logiciel. Les informaticiens professionnels et les entreprises qui développent des logiciels libres peuvent donc se financer sur les 90% restants : frais d'installation, support technique payant, documentation, formation, ou encore développements complémentaires spécifiques.

RedHat, qui édite des distributions de Linux et commercialise de la documentation et des formations, a cependant perdu de l'argent pendant neuf ans avant de faire ses premiers bénéfices en 2004. Mais dès 2000, Bob Young, cofondateur de RedHat, voyait arriver le bout du tunnel dans une interview au magazine *Linux+* : « Il faut bien se rendre compte que Linux a commencé avec les débutants de la première heure, [...] des étudiants ou des ingénieurs qui n'ont absolument pas besoin de support ou de services. C'est pourquoi beaucoup d'observateurs ont considéré que Linux était un marché où il n'y avait pas d'argent à gagner. Les choses changent aujourd'hui [...] »

Plusieurs sociétés de conseil réputées, comme IBM[11], sont sur le marché de la vente de services liés aux logiciels libres. Cette activité a donc probablement vocation à devenir très importante mais aussi très concurrentielle et avec des marges de profit faibles. Point d'Eldorado dans cette direction.

La vente de matériel informatique

Le constructeur d'ordinateurs et prestataire de services Hewlett Packard a investi depuis plusieurs années dans les logiciels libres. De même, Cisco a relativement bien accepté la

11. IBM a vendu en décembre 2004 sa branche PC à la société chinoise Lenovo pour se concentrer sur ses activités de service.

découverte que les routeurs Linksys utilisaient du code Linux sous licence GPL[12].

Un constructeur de matériel peut en effet considérer que son métier n'est pas de créer des logiciels. Mais les logiciels sont nécessaires pour faire fonctionner le matériel informatique. Le constructeur est donc tenu de les fournir mais sans pouvoir faire ou presque de bénéfice dessus.

Dans ce cas, les logiciels libres sont la bonne solution. Moins chers, ils permettent à un constructeur :

- de diminuer son prix, confirmant le modèle économique de plus faible coût pour le client ;
- de se mettre une partie de la différence dans la poche, c'est-à-dire de vendre les logiciels libres en même temps que son matériel.

Comment vendre des logiciels gratuits

Un certain nombre d'éditeurs distribuent des logiciels qui ne sont gratuits que dans certains cas.

Sendmail, qui permet de faire le routage du courrier électronique, est lui-même libre et gratuit mais peut être accompagné de différents accessoires payants qui offrent des fonctionnalités supplémentaires.

PGP, le logiciel de sécurité de Network Associates, devient payant s'il est utilisé pour un usage commercial. Java, de Sun Microsystems, ne peut être vendu sans payer des droits à l'éditeur d'origine. Les licences qui fixent ces droits ne sont pas au sens strict des licences libres – on les appelle d'ailleurs parfois des licences semi-libres – mais les logiciels concernés peuvent néanmoins bénéficier des mêmes atouts que les « vrais » logiciels libres.

Une autre approche peut être le système de la double licence. Par exemple, la société ESP fournit un logiciel, CUPS, sous licence GPL pour tout le monde sauf pour Apple qui paye une licence spéciale (sans *copyleft*) pour pouvoir inclure

---

12. Voir page 23.

CUPS dans MacOS X. Évidemment, ce système ne fonctionne dans ce cas particulier que grâce au *copyleft* de la licence d'origine.

4.3 L'émergence des schémas collaboratifs

L'existence des licences semi-libres prouve que de nombreux modèles sont possibles autour de la notion de logiciel libre.

La programmation des logiciels libres est un exemple de collaboration volontaire d'échelle sans précédent sur un sujet aussi technique. Cela a entraîné d'autres tentatives, souvent couronnées de succès, de création collective de documents, de bases de données ou de composants électroniques. Plus généralement, la prise en compte des idées des utilisateurs est à présent reconnue comme un puissant facteur d'innovation.

a. Le modèle libre n'est pas réservé aux logiciels

Toutes les activités dans lesquelles la copie et la diffusion sont plus faciles que la conception sont naturellement candidates à être développées par des communautés de bénévoles.

La création collective de documents sur le modèle des logiciels libres a d'abord concerné la documentation des logiciels du projet GNU, sous la licence GFDL (*Gnu Free Documentation License*).

Plusieurs créations beaucoup plus artistiques ont vu le jour par la suite dans le sillage du projet Creative Commons et de la licence du même nom. Ainsi *Pleix*[13] est un projet français de création multimédia collaborative. Autre exemple : *Sarai*[14] est un forum indien dédié à la refondation collective d'une culture artistique urbaine, en utilisant tous les moyens d'expression.

13. Site web `www.pleix.net` .
14. Site web `www.sarai.net` .

Certaines bases de connaissance se fondent également sur un modèle de contributions bénévoles collectives : c'est ainsi que fonctionne l'encyclopédie libre Wikipedia[15], de même que l'*Internet Movie DataBase*[16], mine d'informations sur le cinéma.

Le modèle du logiciel libre fonctionne aussi pour les circuits électroniques. En effet, l'essentiel de la valeur d'un circuit électronique est dans sa conception. Sa fabrication, pour un bon amateur correctement équipé, est relativement peu coûteuse. Des sites Internet spécialisés permettent aux passionnés d'électronique d'échanger des idées et des plans de circuits imprimés. Des logiciels spécialisés en simulent le fonctionnement pour que la réalisation n'intervienne qu'une fois que le circuit (une alarme, un circuit de commande pour des modèles réduits, etc.) répond aux besoins.

La question du matériel informatique libre

Des constructeurs d'ordinateurs comme HP, qui investissent dans les logiciels libres, sont cependant réticents à l'idée de révéler les détails internes des matériels informatiques qu'ils fabriquent et vendent.

Cependant, sans parler de révéler les secrets de fabrication, il y a une forte incitation pour les constructeurs à donner aux programmeurs de logiciels libres les spécifications de leurs matériels. Il s'agit des indications précises sur la façon dont fonctionnent et communiquent leurs systèmes électroniques. La publication de telles données permet aux développeurs de logiciels libres de rendre les logiciels existants compatibles avec les nouveaux ordinateurs. Ces spécifications sont connues des grands éditeurs de logiciels, sans cela il ne leur serait pas possible d'écrire leurs programmes, mais elles sont interdites de diffusion par contrat entre les fabricants de matériel et les éditeurs.

---

15. Un *wiki* est un site internet que tout le monde a le droit de modifier, permettant la création collective de sites sur toutes sortes de sujets. L'encyclopédie `www.wikipedia.org` est sous licence GFDL.

16. Site web `www.imdb.com` .

C'était d'une certaine manière le problème de Richard Stallman avec son imprimante en 1980. D'une part il n'avait pas le code source du pilote de l'imprimante, d'autre part il n'avait pas les spécifications techniques de l'imprimante qui lui auraient permis d'écrire lui-même un nouveau pilote.

Pourtant, il est possible à un constructeur de donner aux programmeurs les spécifications de son matériel sans rien révéler de ses secrets de fabrication. Autrement dit, sans aller jusqu'au « matériel libre » dont toutes les caractéristiques seraient publiques, une certaine ouverture en ce qui concerne le matériel pourrait être bénéfique à tous[17].

b. Fédérer les idées innovantes

Au-delà d'un véritable modèle libre, la prise en compte des idées d'améliorations proposées par les utilisateurs d'un produit prend de plus en plus d'importance. Aujourd'hui, les industriels réalisent le potentiel d'innovation de leurs clients. De plus, les utilisateurs les plus innovants ne demandent souvent pas d'autre rémunération que la perspective de pouvoir acquérir un produit mieux adapté à leurs besoins.

L'industrie automobile est traditionnellement innovante. Il n'est donc pas surprenant qu'elle soit présente dans ces développements : ainsi, la société BMW a publié en 2003 sur son site web un logiciel permettant à ses clients de proposer des améliorations à ses voitures. Parmi les 1 000 personnes ayant fait des propositions, 15 ont été invitées fin 2004 à rencontrer les ingénieurs de BMW pour étudier les possibilités de réalisation de leurs idées. Les innovations proposées pourraient être révélées avec les nouveaux modèles de la marque en 2006.

---

17. La démarche inverse existe aussi, puisque les voitures les plus récentes, intégrant de plus en plus d'électronique, ne peuvent quasiment plus être réparées par quelqu'un d'autre que le concessionnaire de la marque. Les autorités américaines seraient même en train de préparer un *Automobile Owner Right to Repair act*, « loi autorisant le propriétaire à tenter de réparer sa voiture », pour lutter contre une certaine « propriétarisation » de la technologie automobile.

Vous savez maintenant tout sur les logiciels libres, leur histoire, leurs qualités et leur défauts, leur économie. Mais en pratique, sont-ils faits pour vous ?

Chapitre 5

Les logiciels libres sont-ils faits pour vous ?

Selon les cas, les avantages et les inconvénients des logiciels libres prennent plus ou moins d'acuité. Ce chapitre est donc divisé en trois parties, suivant que vous êtes un particulier, un décideur au sein d'une entreprise ou d'une administration utilisatrice de l'informatique, ou encore un programmeur ou un chef d'entreprise éditrice de logiciels.

5.1 Les particuliers

a. Les critères du choix

Les atouts des logiciels libres

Les logiciels libres ont de multiples avantages pour un particulier : ils sont quasiment gratuits, ils ne « plantent » que très rarement, ils sont moins facilement inondés de publicité et de logiciels espions, et on n'est d'ailleurs pas obligé de passer tout son système sous logiciel libre en une seule fois : le navigateur Firefox, par exemple, ou le logiciel de retouche d'image Gimp, existent en versions Windows et MacOS en plus de Linux.

La question du support technique

Certains logiciels libres, et particulièrement les systèmes d'exploitation libres, peuvent être compliqués à utiliser[1]. Il est

1. Si vous utilisez un système d'exploitation comme Linux, vous serez souvent obligé de faire l'administration de votre ordinateur vous-même (installation des programmes, configuration de la connexion à Internet, mise en place des pilotes des périphériques, etc.).

donc fortement recommandé à celui qui veut s'engager sur cette voie d'être un peu à l'aise avec la technique en général. Il peut également être utile de savoir lire l'anglais car un certain nombre d'informations ne seront pas disponibles en français.

La question du support informel (et amical) va se poser, car votre gendre qui pouvait dépanner un problème survenu avec Microsoft Word ne sera pas nécessairement capable de rendre le même service avec Linux ou OpenOffice. L'aide – bien réelle – disponible sur Internet n'est pas aussi facile d'accès. La solution : s'arranger si possible pour ne pas être le premier de son groupe d'amis à installer des logiciels libres, ou savoir utiliser les supports disponibles en ligne tels que les listes de discussion spécialisées.

Les logiciels libres créent en effet ce que l'on appelle en économie un « effet de club » : les utilisateurs ont d'autant plus intérêt à s'équiper que le « club » est déjà important. En effet, ils pourront alors échanger des informations et de l'aide avec un nombre croissant de contacts. Cela fonctionne de la même manière avec Internet ou la vidéoconférence. Il faut toujours quelques initiateurs du mouvement. Ceux-ci n'auront ensuite de cesse de convaincre leurs connaissances de venir les rejoindre parmi, en l'occurrence, les utilisateurs de logiciels libres.

b. Le profil type

Nous vous recommandons particulièrement les logiciels libres pour votre usage personnel si vous vous reconnaissez dans au moins l'un des critères suivants[2].

- Vous supportez difficilement le prix élevé, les plantages, publicités anarchiques et autres virus qui sont le quotidien de certains utilisateurs de logiciels propriétaires.
- Vous êtes doué pour la technique.
- Vous comprenez l'anglais écrit.

2. Vous pouvez également choisir le libre pour le libre en fonction de vos convictions personnelles.

– Vous connaissez des gens qui utilisent déjà des logiciels libres et qui pourront vous donner un coup de main.

c. Les étapes de la migration

Installez quelques logiciels libres

Si vous décidez d'utiliser des logiciels libres, ne vous jetez pas tout de suite sur l'installation de Linux. Nous vous recommandons plutôt de commencer par télécharger et installer sous Windows ou MacOS le navigateur web Firefox[3], le logiciel de lecture de courrier Thunderbird[4] et la suite bureautique OpenOffice[5].

Pour mémoire, il ne s'agit pas de télécharger le code source et de le compiler soi-même, mais bien de télécharger uniquement l'installeur du binaire. Le code source n'est vraiment utile qu'à ceux qui veulent améliorer le programme ; pour tous les autres, cela se passe exactement comme pour installer n'importe quel logiciel sous Windows ou MacOS.

En une journée, vous devriez devenir pleinement opérationnel avec ces premiers logiciels.

> Les aléas de la coopération libre/propriétaire
>
> Le logiciel propriétaire BitKeeper était utilisé jusqu'en 2004 pour gérer les évolutions du code source de Linux. Le programmeur de logiciels libres Andrew Tridgell, qui cherchait à en développer un équivalent libre, a désassemblé BitKeeper afin de reconstituer son format de données. Cela a eu pour conséquence malheureuse de faire cesser la collaboration entre l'éditeur de BitKeeper et les équipes de développement de Linux, bien avant qu'une solution libre soit disponible...

3. Disponible sur `http://frenchmozilla.sourceforge.net/` . Sur ce logiciel, nous pouvons vous recommander l'ouvrage d'Emmanuel Cornet, *Passer à Firefox*, dans la même collection.

4. Même site que ci-dessus.

5. `www.openoffice.org` .

Installez Linux

Si l'étape précédente s'est bien passée, et si vous remplissez les quatre critères au lieu d'un seul dans la liste de la page précédente, vous pouvez installer Linux[6]. Il ne s'agit pas d'effacer votre système d'origine (Windows, etc.) mais de partitionner le disque et d'ajouter sur la nouvelle partition un second système d'exploitation. Cela vous permettra de choisir à chaque démarrage celui que vous voulez utiliser.

Nous vous recommandons, en ce qui concerne Linux, d'utiliser une distribution standard comme Mandriva, dont la version *community* peut être téléchargée gratuitement sur le site de l'éditeur[7]. D'autres solutions, comme les systèmes d'exploitation de type BSD, sont également possibles, mais réservées aux initiés.

Le coût de sortie

La coexistence des deux systèmes va vous permettre de vous habituer progressivement à Linux en revenant en cas de problème à l'ancien environnement.

Attention en effet au « coût de sortie » de l'ancien système d'exploitation : il n'est pas certain que les logiciels que vous utilisiez auparavant aient tous leur équivalent sous Linux. En général, ce sont les jeux vidéo qui poseront des difficultés.

5.2 Les entreprises et les administrations

Vous êtes un décideur au sein d'une entreprise ou d'une administration et vous souhaitez savoir s'il est judicieux de passer vos serveurs, ou peut-être même les postes utilisateurs de vos équipes, sous logiciel libre.

---

6. Vous pourrez vous appuyer sur l'ouvrage de Sébastien Desreux, *Installer Linux*, dans la même collection.

7. `www.mandrivalinux.com/fr/` .

a. Les critères du choix

Ce qu'une organisation est en droit d'attendre d'un logiciel libre

Une entreprise ou une administration pourra se laisser tenter par les atouts des logiciels libres. Plutôt moins chers, ils sont plus stables, plus faciles à administrer, et permettent de garantir la pérennité de l'information sur le long terme. Les formats standardisés et la disponibilité du code source évitent d'être dépendant d'un unique fournisseur.

Une entreprise qui commande un développement à des consultants a d'ailleurs tout intérêt à exiger (par contrat) que les sources lui soient remises à la fin du projet.

Quels logiciels pour quelle performance ?

Avant de choisir les logiciels libres, vous devez vous interroger sur les vraies priorités de votre organisation.

Si c'est la performance qui est en jeu, c'est-à-dire si le cœur de votre activité se mesure en nombre d'opérations ou d'accès disque par seconde, les logiciels propriétaires sont sans doute mieux conçus pour vous. Il ne s'agit pas nécessairement ici de logiciels grand public mais plutôt de programmes créés spécialement pour vous et pour des tâches précises.

Si en revanche le facteur clef est de limiter les pannes, si la production s'arrête ou le chiffre d'affaires s'écroule en cas de bug, la fiabilité est le critère numéro un.

Dans cette situation, les logiciels seront presque toujours réalisés sur commande. Il reste cependant bénéfique pour l'entreprise ou l'administration concernée de faire faire ces développements suivant les principes du logiciel libre (disponibilité du code source, grand nombre de bêta-testeurs même si ce ne sont pas des bénévoles dans ce cas précis, etc.).

Pour une administration, la performance recherchée sera souvent la sécurité et la pérennité des données : les logiciels libres sont également très bien adaptés à ces priorités.

Les aspects juridiques

Le principal risque juridique attaché aux logiciels libres est celui des brevets logiciels, qui pourraient comme on l'a vu interdire légalement les logiciels libres dans certains pays.

Cependant, ce risque paraît très limité, car même si des brevets sont un jour acceptés en Europe, il n'est pas certain que les cours de justice laissent les éditeurs de logiciels propriétaires éradiquer les logiciels libres de cette manière.

D'autant que pour la plupart des éditeurs de logiciels, les logiciels libres représentent un petit sujet en termes de concurrence.

Les administrateurs système

Les entreprises et les administrations ont l'avantage sur les particuliers de disposer d'informaticiens professionnels chargés de s'occuper des systèmes informatiques : les administrateurs système. Ils seront là pour assumer la partie technique du passage sous système libre.

Attention, ces personnes risquent de subir toute la pression au moment de la mise en place d'un logiciel libre. Il faut donc s'assurer auparavant que ce sont des gens compétents, fiables et correctement formés : la formation des administrateurs doit commencer bien avant le grand saut.

Une solution, si cela vous est possible, peut être d'embaucher à plein temps comme salariés ou consultants un ou deux spécialistes de logiciels libres. Ils pourront assumer l'administration au début et former les autres dans le même mouvement. Attention, la compétence « logiciels libres » est plus rare et donc plus chère que la compétence sur des systèmes plus courants. Cependant, des économies se matérialiseront à moyen terme : d'une part l'administration des systèmes sous logiciels libres demande moins de personnel, d'autre part l'accroissement possible de la rémunération des administrateurs sera plus que compensée par l'économie des licences sur les postes dont ils ont la responsabilité.

Faut-il traiter les postes utilisateurs ?

Deux types d'ordinateurs peuvent être concernés, avec des enjeux très différents.

D'une part, les serveurs de votre entreprise recèlent les ressources partagées auxquelles tous vos collaborateurs doivent avoir accès. Sous la responsabilité des gestionnaires du réseau, ce sont des machines coûteuses, très sollicitées et dont un éventuel « plantage » peut nuire à toute la société. Les serveurs sont donc des candidats naturels pour passer entièrement sous logiciel libre : si c'est bien fait, aucun des utilisateurs ne devrait se rendre compte du changement. Son propre environnement de travail n'aura pas changé.

D'autre part, les postes utilisateurs sont utilisés par tout le personnel, y compris des personnes qui n'ont pas particulièrement de facilités avec l'informatique. Une erreur sur un poste utilisateur ne bloque pas tous les e-mails ou tous les accès réseau de la société, même si elle reste particulièrement horripilante pour celui qui en est victime.

Les postes utilisateurs ne sont pas toujours basculés sous logiciels libres quand les serveurs le sont, pour éviter une formation un peu importante des utilisateurs avec un bénéfice somme toute limité. En revanche, des logiciels comme Firefox, Thunderbird et OpenOffice existent sous Windows et MacOS et sont faciles d'utilisation. Ils peuvent avantageusement s'inscrire dans des environnements propriétaires. Le système d'exploitation libre pour tout le monde ne pourra être envisagé que dans un second temps.

Cela ne signifie pas que vous pourrez vivre dans un environnement 100 % libre : la comptabilité de l'entreprise, par exemple, devra rester gérée par un logiciel propriétaire (il n'existe pas pour l'instant de concurrent libre sur ce marché).

Et même si l'objectif est de n'utiliser quasiment que des logiciels libres sur les serveurs et les postes des utilisateurs, il n'est pas nécessaire – ce serait plutôt imprudent – que la migration se fasse en une seule fois.

b. Le profil type

Votre entreprise ou votre administration devrait se tourner vers les logiciels libres si les critères suivants sont remplis.

- Vous accordez une importance prioritaire à la pérennité des données, à la sécurité, et au fait de ne pas dépendre d'un fournisseur.
- Votre activité est telle que les pannes vous sont particulièrement dommageables et vous coûtent très cher.
- La performance et la puissance de calcul ne sont pas vos premières priorités.
- Vous disposez d'un personnel informatique de qualité, et connaissant si possible déjà les logiciels libres, ou vous êtes prêt à recruter dans ce sens.

c. Les étapes de la migration

Mettez les spécialistes aux commandes

Les administrateurs système (salariés et consultants) qui organiseront la migration doivent être associés au projet dès le début.

Ils ont la compétence pour proposer tel ou tel enchaînement des étapes pour le déploiement d'un logiciel libre. De préférence, des tests organisés sur quelques ordinateurs permettront de valider les choix retenus avant de faire basculer tous les serveurs ou pire, tous les postes utilisateurs.

Dans tous les cas les informaticiens professionnels travaillant dans l'entreprise devront préparer la migration. Cela consiste notamment à faire la liste des fonctions et des types de fichiers utilisés puis à s'assurer qu'il existe, dans le nouvel environnement, des logiciels qui répondent à ces besoins.

Le cas des logiciels spécialisés

Beaucoup d'entreprises utilisent des logiciels qui ont été développés spécialement pour elles, en interne ou par des consultants, dans un environnement propriétaire.

Le passage à un nouvel environnement demandera donc de réécrire les logiciels en question pour qu'ils puissent continuer à fonctionner. Si l'entreprise dispose des codes sources de ces logiciels, la transition peut rester assez peu coûteuse puisqu'il suffit de réécrire l'interface avec le système d'exploitation.

En revanche, supposons que le code source n'ait jamais été remis à l'entreprise, ait été perdu entre-temps ou soit disponible mais inutilisable pour une raison technique. Il sera dans ce cas nécessaire de choisir entre le maintien d'une partie du système sous logiciel propriétaire, la réécriture de la totalité du logiciel (solution la plus chère), ou la recherche – si cela existe – d'un équivalent libre.

Ne lésinez pas sur la formation

La formation des utilisateurs devra être faite dans les jours qui précèdent et suivent la migration. En principe, tous les utilisateurs devraient avoir pris en main les nouveaux logiciels au bout d'une semaine.

La formation des administrateurs système doit commencer en amont du projet. La présence de spécialistes salariés de la structure ou consultants travaillant pour elle sera décisive aux moments cruciaux.

Les échecs, ça arrive

Au Mexique, le programme Red Escolar (réseau scolaire), initié en 1997, a échoué dans son projet de passer au logiciel libre le réseau de l'éducation mexicaine.

En effet, la réduction du coût était la principale motivation du projet. Celui-ci, qui n'a pas été soutenu suffisamment par le secrétaire d'État à l'Instruction publique, s'est pour l'essentiel limité à la réduction du budget attribué aux écoles pour les logiciels, et à l'envoi d'un CD-ROM de Linux aux 126 000 établissements d'enseignement.

Le projet a été abandonné en 2001, à cause d'une part de l'insuffisante formation des enseignants supposés enseigner l'informatique (et au passage s'occuper de l'administration du système), et d'autre part en raison de l'absence d'un budget spécifique pour l'installation et la maintenance.

Restructurez les services informatiques

L'administration des systèmes informatiques d'entreprise sous Linux ou BSD demande un personnel moins nombreux mais plus compétent que l'administration sous Windows. Une réorganisation des services informatiques de l'entreprise devra donc être envisagée.

5.3 Les développeurs et les éditeurs

Si vous êtes auteur de logiciels, ou chef d'une entreprise spécialisée dans l'édition de logiciels, le passage au logiciel libre pour vos besoins internes a déjà été couvert plus haut.

Nous allons plutôt nous demander ici si vous avez intérêt à entrer dans la communauté du logiciel libre et distribuer sur Internet, assortis d'une licence libre, un ou plusieurs des programmes informatiques dont vous êtes l'auteur ou l'éditeur.

Attention : ce qui suit constitue une introduction au sujet. Si vous connaissez déjà bien les logiciels libres et si la question de la mise à disposition du code source de vos logiciels a déjà fait l'objet d'une réflexion, attendez-vous à apprendre peu de choses dans les quatre prochaines pages. Vous pouvez dans ce cas directement sauter à la conclusion, page 102.

a. Les critères du choix

L'adaptation d'un modèle de développement libre dépend beaucoup du type de rentabilité de votre business. La diffusion du code source assorti d'une licence libre, fondamentalement, permet de profiter gratuitement de la créativité des utilisateurs, mais diminue les revenus à attendre de la vente des licences.

L'art de motiver des bénévoles

Comme on l'a noté dans le troisième chapitre, il y a de nombreux projets qui pourraient être développés, suivant les principe du logiciel libre, par une communauté de bénévoles. Ce sont eux qui manquent.

Si vous décidez, en tant que développeur ou éditeur, de publier le code source d'un logiciel sous une licence libre, attendez-vous à ce que peu de programmeurs, pour ne pas dire aucun, vous offrent spontanément leurs services. En supposant, condition préalable, que le code en question soit suffisamment bien écrit pour être lisible, vous pourrez réussir à motiver les contributeurs potentiels à condition d'y mettre du temps, de l'argent et du tact.

Première chose : il ne s'agit pas d'abandonner le logiciel dans la nature[8] mais de construire une équipe de développeurs autour d'un projet qui le mérite. Il faut donc que vous puissiez prendre un engagement à long terme et affiché comme tel. Dans ce contexte, le ou les programmeurs qui connaissent bien le logiciel se mettent à la disposition de la communauté des développeurs libres. C'est là qu'il faut investir du temps.

Ce temps, naturellement, se traduit par de l'argent pour un éditeur qui paye les salaires des personnes en question. Par ailleurs, l'engagement de l'entreprise peut aussi consister à mettre gratuitement ses serveurs, par exemple, à disposition des personnes motivées.

Le tact, c'est de laisser la communauté travailler sans chercher à imposer l'évolution du logiciel dans une direction particulière. Ce qui n'empêche pas l'entreprise ou le développeur d'origine d'avoir une influence sur les développements libres : les contributeurs bénévoles suivent plus facilement le chemin qui a été défriché.

Les participants au projet peuvent être rémunérés par quelqu'un d'autre (une autre entreprise, une université), ils restent de votre point de vue des bénévoles que vous devez

8. Il deviendrait alors un ABANDONWARE.

motiver. La réputation du logiciel, la vôtre propre ou celle de votre entreprise, et bien sûr l'utilité intrinsèque des fonctions à développer, sont des éléments clefs à mettre en valeur.

La chose à ne pas faire

Si un logiciel développé par votre entreprise est potentiellement un facteur de valeur ajoutée industrielle, alors la diffusion du code est exclue, de même que la vente dans le commerce. C'est le cas par exemple s'il permet de faire la différence commerciale sur un marché entre ceux qui ont le logiciel et ceux qui ne l'ont pas.

La seule diffusion possible de ce genre de logiciel est la vente unité par unité aux professionnels du secteur, assortie d'un contrat qui garantit que les concurrents ne pourront pas en bénéficier. Dans ces conditions, vous n'aurez peut-être qu'un seul client par continent, mais il paiera cette exclusivité très cher.

Le cas des jeux

De même, si le logiciel n'est pas un outil susceptible d'engendrer des services mais une fin en soi, comme un jeu qui s'appuierait essentiellement sur la vente des licences, la publication du code source est impossible. Elle n'est envisageable que pour occuper des parts de marché et gêner des concurrents à la fin du cycle de vie du produit.

Cela n'empêche pas nécessairement de bénéficier de la créativité des utilisateurs. Un éditeur de jeux vidéo sur ordinateur pourrait par exemple diffuser un utilitaire permettant de créer des niveaux originaux ou de nouvelles aventures basées sur son jeu. Cela lui demandera simplement de faire en sorte qu'il soit nécessaire d'acheter le logiciel pour pouvoir jouer. Une autre pratique courante est de publier une part suffisante du code source pour permettre de développer une version Linux, par exemple, mais en trouvant une solution technique pour que l'achat reste incontournable.

Les problèmes liés au copyleft

Les entreprises qui souhaitent diffuser librement le code d'un de leurs logiciels ne veulent pas nécessairement le faire sous licence GPL. Elles devront porter une attention particulière au *copyleft*, qui interdit d'utiliser des sections de code sous une licence du type GPL sauf si le logiciel est ensuite diffusé sous la même licence.

b. Le profil type

Si vous êtes un développeur indépendant ou un éditeur de logiciels, vous aurez intérêt à rendre un de vos logiciels libre si vous remplissez intégralement les quatre conditions suivantes.

- Vous produisez un logiciel destiné à vivre, à engendrer une activité de service ou des besoins de développements annexes et pour lequel la vente des licences n'est pas une part importante des revenus.
- La communauté des gens intéressés par votre produit est large, active, et comporte de nombreux programmeurs compétents (ce qui exclut presque immédiatement les logiciels de comptabilité ou de création multimédia).
- Vous êtes prêt à donner à la communauté les moyens de travailler : code source clair, modulaire et bien documenté, disponibilité de vous-même ou de vos salariés sur le long terme.
- La licence envisagée est adaptée au projet et connue des développeurs de logiciels libres.

c. Les étapes de la migration

Le passage sous licence libre avec mise à disposition du code source ne concerne pas nécessairement tous les logiciels que vous avez écrits ou que votre société édite. Il peut être préférable de commencer par diffuser sous une licence libre un seul projet, qui doit être développé en interne jusqu'au niveau d'un prototype déjà utilisable mais encore largement améliorable.

Les deux principaux conseils à suivre, comme on l'a vu, sont de participer activement au développement mais aussi de laisser les contributeurs libres prendre les initiatives qu'ils souhaitent en évitant le dirigisme, fort peu goûté des bénévoles.

Voilà, vous savez tout, et les logiciels libres n'ont plus de secret pour vous. Vous connaissez leurs fondements (vus au chapitre 1), leur histoire (chapitre 2), leurs qualités et leurs défauts (chapitre 3), leur justification économique (chapitre 4) et vous savez même, en terminant ce cinquième chapitre, s'ils sont faits pour vous.

Nous espérons avoir répondu à vos attentes d'information sur le sujet, mais aussi vous avoir permis d'identifier les logiciels libres qui sont susceptibles de répondre à vos besoins.

Si vous voulez en savoir plus, vous trouverez dans la bibliographie, page 114, des références pour explorer plus en profondeur un sujet particulier.

Mais l'étape suivante sera peut-être celle du passage à la pratique et à l'installation de ces logiciels. Si vous choisissez cette voie, nous vous souhaitons bonne route, avec la conviction que vous ne serez pas déçu.

ANNEXE A

Les principales licences libres

Cette annexe apporte des informations techniques sur les trois licences libres les plus utilisées et vous indique où vous pouvez trouver leur texte intégral et officiel.

A.1 La GPL

La *General Public License* de la FSF, créée en 1989 et modifiée en 1991, est la plus fréquemment utilisée de toutes les licences libres : 70 % des logiciels libres s'appuient sur elle, y compris Linux, Gimp et le projet GNU.

Vous trouverez le texte officiel (en anglais) de la GPL à l'adresse suivante : `www.gnu.org/copyleft/gpl.html` .

Une version française sans valeur juridique[1] est disponible sur : `www.linux-france.org/article/these/gpl.html` .

La validité de la GPL a été récemment entérinée par la justice aux États-Unis et en Allemagne. L'affaire américaine concernait un logiciel d'ordinateur de bord de voiture[2]. Les deux jugements allemands ont été prononcés par la même cour au bénéfice du programmeur Harald Weltc.

Le cas le plus récent portait sur un logiciel de sécurité informatique[3].

Ci-après une traduction de la célèbre clause de *copyleft*.

1. Rendu nécessaire par la loi Toubon de 1994 relative à l'usage de la langue française, un projet d'écriture d'une version française officielle et juridiquement valable de la GPL est en cours mais n'a pas encore abouti.

2. Drew Technologies, Inc. contre Society of Automotive Engineers, Inc., et al., action civile No. 03-CV-74535-NGE-PJK (district Est du Michigan, 14 janvier 2005).

3. Harald Welte vs Fortinet Ltd., tribunal de première instance de Munich, 12 avril 2005.

> *Vous pouvez modifier votre copie ou vos copies du programme ou partie de celui-ci, ou d'un travail basé sur ce programme, et copier et distribuer ces modifications* [...] *à condition de vous conformer également aux conditions suivantes :*[...]
> *b) Distribuer sous les termes de la Licence Publique Générale l'ensemble de toute réalisation contenant tout ou partie du programme, avec ou sans modifications.* [...]
>
> Article 2 de la GPL

Le texte de la GPL est la propriété de la FSF. Tout le monde peut l'utiliser, mais pas le modifier. Il n'est donc pas lui-même sous licence GPL.

A.2 La LGPL

La *Lesser General Public License*[4], a été créée en 1991 par la FSF. Elle permet de diffuser des bibliothèques sous licence libre avec des logiciels qui ne le sont pas. Pour résumer, c'est une atténuation du *copyleft*. La clause en question est rédigée ainsi :

> *Un programme qui ne contient aucun contenu dérivé d'une partie de la bibliothèque, mais qui est conçu pour fonctionner avec cette bibliothèque en étant compilé ou lié d'une autre façon avec elle* [...] *n'est pas dérivé de la bibliothèque et n'est donc pas dans le champ d'application de cette licence.* [...]
>
> Article 5 de la LGPL

Depuis 1999, la LGPL n'est plus prônée par la FSF que pour les bibliothèques dont il existe des équivalents propriétaires – les utilisateurs pouvant être tentés d'aller vers la concurrence pour échapper à la GPL. Celles qui proposent des fonctions nouvelles devraient plutôt, d'après la même fondation, être placées sous licence GPL traditionnelle pour que la « contamination » des logiciels par la GPL fonctionne.

4. Anciennement *Library General Public License.*

La LGPL est aujourd'hui encore la licence de plus de 10 % des logiciels libres.

Son texte complet officiel (en anglais) peut être consulté ou téléchargé sur le site : `www.gnu.org/licenses/lgpl.txt`. Une version française, sans valeur juridique, est accessible sur : `www.rodage.org/lgpl.fr.html`.

A.3 La licence BSD

La licence *Berkeley Software Design* comporte impose uniquement de diffuser la licence avec le logiciel, de l'inclure dans sa documentation et de ne pas utiliser le nom des auteurs à des fins publicitaires. Cette licence accompagne environ 10 % des logiciels libres.

Il existait une quatrième clause qui demandait de citer le ou les auteurs dans tous les logiciels dérivés. Elle a été supprimée pour éviter les surenchères de personnes à citer : le logiciel NetBSD comporte ainsi une liste de soixante-quinze remerciements. Cependant, certains logiciels sont toujours régis par l'ancienne licence à quatre clauses.

La licence BSD n'utilisant pas le *copyleft*, il est possible d'intégrer du code BSD dans un logiciel commercial propriétaire. C'est d'ailleurs le cas de MacOS X.

La version anglaise officielle est accessible sur le site web : `www.opensource.org/licenses/bsd-license.php`.

Notons que le site `www.opensource.org/licenses/` permet d'accéder à de nombreuses autres licences.

Comme la licence BSD est courte, nous vous en proposons à la page suivante une traduction française complète (mais toujours sans valeur légale).

La licence BSD

Copyright © (Organisation), (date).
Tous droits réservés.

La redistribution et l'usage sous forme de code source ou binaire, modifié ou non, sont soumises aux conditions suivantes :

1 - Le copyright ci-dessus, la présente liste des conditions et l'avertissement qui la suit doivent figurer dans le code source redistribué.

2 - La documentation et/ou les fichiers fournis avec une redistribution sous forme binaire doivent faire apparaître le copyright ci-dessus, la présente liste des conditions et l'avertissement qui la suit.

3 - Le nom de l'(organisation), pas plus que ceux de ses collaborateurs, ne sauraient être utilisés dans le but de promouvoir ou de légitimer un produit dérivé de ce programme sans autorisation écrite préalable.

Ce programme est fourni « tel qu'en l'état » par le détenteur du copyright et ses collaborateurs et il n'est donné aucune garantie, implicite ou explicite, quant à son utilisation commerciale, son adaptation à un objectif particulier ou autre. Le détenteur du copyright et ses collaborateurs ne peuvent en aucun cas être tenus pour responsables de quelque dommage ou préjudice direct, indirect, secondaire ou accessoire (y compris l'acquisition de produits ou de services de substitution et les pertes financières dues au manque à gagner, à l'interruption d'activités ou à la perte d'informations ou tout autre type de dommage) quelle qu'en soit la cause et la clause de responsabilité invoquée, contractuelle, civile ou pénale (y compris la négligence) découlant de l'utilisation du programme ou de l'impossibilité d'utiliser celui-ci et y compris si le risque de dommage avait été signalé au préalable.

Annexe B

Le droit d'auteur français appliqué aux logiciels

On a noté dans le premier chapitre que le droit qui s'appliquait aux logiciels était le droit d'auteur. Nous allons voir dans les pages suivantes comment tout cela fonctionne en pratique.

B.1 Introduction au droit d'auteur

Le droit d'auteur est défini en France par une législation spécifique : le code de la propriété intellectuelle[1].

Ce texte reconnaît des droits à n'importe quel auteur d'une œuvre originale sans que celui-ci ait à accomplir une quelconque formalité.

> *L'auteur d'une œuvre de l'esprit jouit sur cette œuvre, du seul fait de sa création, d'un droit de propriété incorporelle, exclusif et opposable à tous.*
>
> *Code de la propriété intellectuelle*
> Article L. 111-1

On parle bien de création, c'est-à-dire que l'œuvre, pour rentrer dans le système de la propriété intellectuelle, doit exister (les simples idées non encore mises en forme ne sont pas protégées par la loi), et doit bien être originale.

La Cour de cassation a précisé ce point en 1986, en demandant que la création porte « la marque d'un apport in-

1. Une version complète et annotée de ce code est disponible en ligne sur le site `www.celog.fr/cpi` .

tellectuel » de son auteur pour que celui-ci puisse faire valoir ses droits.

Le droit d'auteur, pour un travail artistique en général, se divise en droits moraux et droits patrimoniaux.

Les droits moraux

Les droits moraux sont « perpétuels, inaliénables et imprescriptibles » et sont transmissibles aux héritiers à la mort de l'auteur. Si vous êtes auteur, vous ne pouvez donc pas renoncer à vos droits moraux, quand bien même vous le souhaiteriez. Ils sont composés de :

- Le droit de **paternité** : l'auteur a le droit de demander à voir son nom cité ou associé au fruit de son travail, y compris dans le cas d'un extrait ou d'une brève citation.
- Le droit d'**intégrité de l'œuvre** : l'auteur a le droit au respect de son travail et nul autre que l'auteur ne peut modifier l'œuvre sans son autorisation.
- Le droit de **divulgation** : c'est l'auteur et lui seul qui décide quand son travail est prêt à être « révélé au public ».
- Les droits de **repentir** et de **retrait** : celui qui a créé une œuvre peut décider de la retirer de la circulation (le retrait[2]) ou de la remanier (le repentir) et de n'autoriser la diffusion que de la nouvelle version.

Les droits patrimoniaux

Les droits patrimoniaux, en revanche, ne sont pas perpétuels : ils durent pendant toute la vie de l'auteur et soixante-dix ans après sa mort. Ils sont cessibles, par exemple à une

2. Exemple de retrait : le chanteur Iggy Pop, en conflit avec sa maison de disques, a décidé de faire jouer son droit de retrait pour que la bande originale du film Arizona Dream, dont il est partiellement l'interprète, soit retirée du marché : aujourd'hui, on ne peut plus acheter ce disque autrement que sur le marché de l'occasion.

maison d'édition dans le cas d'un livre. Ce sont les droits patrimoniaux qui permettent à l'auteur de recevoir un bénéfice financier sur la base de sa création. Ils sont de deux types :

- Le droit de **représentation**, qui consiste à communiquer l'œuvre sous quelque forme que ce soit (on pense en premier lieu à une représentation théâtrale ou à la projection d'un film).
- Le droit de **reproduction**, qui couvre la diffusion non pas de l'œuvre originale elle-même mais de ses copies. Il précise que l'acquéreur d'une copie de l'œuvre ne peut pas refaire lui-même sans autorisation des copies à partir de son exemplaire, sauf dans des cas très précis.

Les droits patrimoniaux permettent une diffusion commerciale de l'œuvre, mais ils ne cessent pas d'exister si elle n'est plus disponible dans le commerce. Au contraire, le fait que l'œuvre ne soit plus en vente peut être un choix délibéré du titulaire des droits.

Il n'y a pas de droit spécifique aux logiciels : c'est une version restreinte du droit d'auteur qui s'applique.

B.2 Les droits des auteurs de logiciels

Le code de la propriété intellectuelle précise bien qu'il s'applique également aux logiciels, qui sont donc protégés par le droit d'auteur au même titre qu'un livre ou un film.

> *Sont considérées notamment comme œuvres de l'esprit au sens du présent code :* [...]
>
> *les logiciels, y compris le matériel de conception préparatoire* [...]
>
> *Code de la propriété intellectuelle*
> Article L. 112-2

Avez-vous reconnu le « matériel de conception préparatoire » ? Il s'agit du code source.

Des droits moraux amputés

Un auteur de logiciels est souvent d'une part membre d'une équipe de développement, d'autre part employé par un éditeur de logiciels. C'est très différent d'un auteur de romans. Le droit d'auteur correspondant tient compte de cette spécificité en donnant au programmeur des droits moraux adaptés, on pourrait même dire amputés.

> [...] *sauf stipulation contraire, l'auteur ne peut pas s'opposer à la modification du logiciel* [...]
>
> *Code de la propriété intellectuelle*
> Article L. 121-7

Revisitons ci-après les droits moraux définis plus haut, mais cette fois avec un filtre de lecture spécifique aux logiciels.

- Le droit de **paternité** est le seul qui soit pleinement préservé. Tout informaticien a le droit de demander à être cité dans le logiciel dont il est auteur, bien que cela soit pour l'essentiel réservé en pratique aux programmeurs d'origine du projet libre. Dans beaucoup de cas les noms des auteurs ne sont pas du tout mis en avant. Ainsi, les logiciels libres sont généralement diffusés avec une note qui précise l'historique des versions successives et des modifications du logiciel en indiquant qui est l'auteur de quoi.
- Le droit d'**intégrité de l'œuvre** a été conçu dans un contexte de création artistique où l'auteur est presque toujours unique. Il devait donc être adapté aux logiciels pour lesquels la programmation en équipe est au contraire la règle pour les gros projets, la création solitaire plutôt l'exception. Dans le cas d'un logiciel, l'auteur ne peut s'opposer à une modification que si elle risque de « nuire à son honneur ou à sa réputation ».

  Par ailleurs, l'OSI semble avoir trouvé une solution pour préserver l'intégrité de l'œuvre. La définition d'une licence libre proposée par cette association permet à l'auteur d'un logiciel d'exiger que son travail reste inchangé.

Les modifications peuvent le cas échéant être distribuées avec son programme, en laissant l'utilisateur faire l'intégration finale.

- L'auteur conserve cependant le droit de **divulgation** de son logiciel. Cependant, dans le cas d'un développeur rémunéré pour ce travail, l'acceptation du contrat et du salaire que lui verse son employeur vaut acceptation de divulgation du logiciel.
- Quant aux droits de **repentir** et de **retrait**, ils ne s'appliquent pas du tout aux logiciels.

Des droits patrimoniaux entre les mains des entreprises

Les droits patrimoniaux, quant à eux, sont pleinement préservés et sont à la base du marché des logiciels. L'utilisation du logiciel, qui demande de faire des copies en mémoire de certaines de ses parties, relève aussi des droits patrimoniaux. Dans le cas d'un logiciel créé par une société, c'est automatiquement la société qui détient ces droits en vertu de sa relation contractuelle avec le ou les auteur(s).

Il n'existe évidemment pas de logiciel dont l'auteur soit mort depuis plus de soixante-dix ans. Par conséquent, aucun logiciel n'a épuisé ses droits patrimoniaux. Mais le rythme d'évolution de l'informatique est tel que cela n'aurait de toute façon aucun effet en pratique, les logiciels étant aujourd'hui obsolètes en quelques années.

Le cas des œuvres de plusieurs auteurs

Les œuvres collectives

Les travaux artistiques collectifs (à plusieurs auteurs) ne sont pas légion, alors que cela est fréquent en matière de création de logiciels. C'est particulièrement vrai pour les logiciels libres.

Dans la création d'un logiciel par une équipe de programmeurs, les auteurs reconnus par la loi sont en fait les initiateurs sous le nom desquels le projet a été commencé. Chaque contributeur peut cependant revendiquer le versement d'une partie des droits, si droits il y a. Il peut également réutiliser dans un autre travail la partie du logiciel qu'il a écrite lui-même.

> *L'œuvre collective est, sauf preuve contraire, la propriété de la personne physique ou morale sous le nom de laquelle elle est divulguée. Cette personne est investie des droits de l'auteur* [...]
>
> *Code de la propriété intellectuelle*
> Article L. 113-5

Cela retire automatiquement l'essentiel de leurs droits aux contributeurs de second rang. De la même façon, les disciples de Michel-Ange qui ont participé sous sa direction à peindre le plafond de la chapelle Sixtine n'ont pas attaché leur nom à cette œuvre.

Un tel système peut paraître injuste. Il est en fait nécessaire – et pas seulement dans le cas d'un logiciel – pour qu'un travail collectif puisse être diffusable. Il sert aussi à éviter de multiplier les personnes qui ont des droits différents sur le résultat final, d'autant que les évolutions, ajouts et améliorations peuvent être quotidiens pour un logiciel libre.

Les œuvres composites

On parle de travail « composite » quand un auteur a recréé une œuvre nouvelle en incorporant le travail d'un autre auteur dans sa propre création.

Dans ce cadre, qui peut aussi se présenter pour des logiciels libres, c'est le créateur de l'œuvre finale qui est reconnu comme l'auteur, mais il doit demander l'autorisation et éventuellement payer des droits aux personnes dont il réutilise le travail.

> *L'œuvre composite est la propriété de l'auteur qui l'a réalisée, sous réserve des droits de l'auteur de l'œuvre préexistante.*
>
> *Code de la propriété intellectuelle*
> Article L. 113-2

Dans le cas d'un logiciel libre, l'autorisation est automatiquement donnée par la licence libre, ce qui encourage la création de travaux composites libres ou non.

Si un logiciel libre est soumis à une licence libre comme la GPL avec une clause de *copyleft*, le résultat sera nécessairement sous la même licence.

Les licences

Celui qui achète ou télécharge gratuitement un logiciel ne se voit en principe transmis aucun droit concernant ce logiciel. Même la simple utilisation du logiciel demande en effet de le copier dans la mémoire de l'ordinateur. Cette opération nécessite déjà l'autorisation du titulaire du droit de reproduction.

> *La propriété incorporelle définie par l'article L. 111-1 est indépendante de la propriété de l'objet matériel.*
>
> *L'acquéreur de cet objet n'est investi, du fait de cette acquisition, d'aucun des droits prévus par le présent code* [...]
>
> *Code de la propriété intellectuelle*
> Article L. 111-3

C'est la raison pour laquelle il est nécessaire à l'éditeur (ou à l'auteur, s'il est titulaire des droits patrimoniaux) de transmettre une partie de ses droits patrimoniaux à l'utilisateur. Cette transmission fait l'objet d'un contrat entre les deux : voici la justification juridique de la licence du logiciel.

Cas des logiciels libres

L'auteur d'un logiciel libre ne renonce pas à ses droits sur sa création. Il organise simplement la façon dont ses droits patrimoniaux sont transférés à l'utilisateur.

Ce système a été conçu dans l'esprit du droit américain. En droit français les licences libres devraient être écrites en langue française, en vertu de la loi Toubon de 1994. En fait seule la Cecill, disponible sur le site `www.cecill.info` et a été rédigée en français.

Annexe C

Bibliographie

Ouvrages en français pour aller plus loin

Olivier Blondeau et Florent Latrive, *Libres enfants du savoir numérique : une anthologie du « libre »*, L'Éclat, 2000.

Roberto Di Cosmo et Dominique Nora, *Le Hold-up planétaire*, Calmann-Lévy, 1998.

Eric Raymond, *La Cathédrale et le bazar*, La découverte, 2004.

Documents en français accessibles sur Internet

Jean-Claude Héritier, *Les Logiciels libres, un modèle économique viable ?*, université Robert Schuman, Strasbourg, 2001. Disponible sur le site `www.jcheritier.net/memoire` .

Site web de la campagne contre la brevetabilité des logiciels : `www.ffii.fr` .

Bruno Lemaire et Bruno Decroocq, *Microsoft pris dans la toile : chronique d'une mort annoncée ?*, 2004, téléchargeable sur `www.adullact.org/IMG/pdf/doc-157.pdf` .

Quelques ressources disponibles en anglais

La lettre envoyée le 8 avril 2002 par le Dr Edgar David Villanueva Nuñez, parlementaire péruvien, à Juan Alberto Gonzalez, directeur général de Microsoft Pérou (en traduction anglaise) : `www.diaplous.org/response.htm` .

Bruce Perens, *The Emerging Paradigm of Open Source*, disponible sur le site : `perens.com/Articles/Economic.html` .

Glossaire

Pour vous faciliter la lecture de cet ouvrage, vous trouverez ici dans l'ordre alphabétique toutes les définitions des termes techniques, des acronymes et les noms des principaux logiciels qui sont cités dans le texte.

Abandonware : logiciel en fin de vie commerciale et dont l'éditeur ne s'oppose plus à la diffusion gratuite (sur Internet par exemple). Les abandonwares sont en général disponibles sans leur code source.

ADULLACT : Association des développeurs et des utilisateurs de logiciels libres dans l'administration et les collectivités territoriales. L'ADULLACT mutualise notamment les développements de logiciels libres effectués pour le compte de collectivités locales françaises. Site web : `www.adullact.org` .

AFUL : Association francophone des utilisateurs de Linux et des logiciels libres, créée en 1998 comme l'OSI et avec une approche pragmatique similaire. Site web : `www.aful.org` .

Apache : nom d'un logiciel libre de serveur web qui occupe 70 % du marché. Sa licence lui est spécifique : c'est la licence libre Apache. Il est téléchargeable gratuitement sur Internet à l'adresse `www.apache.org/` .

APRIL : Association pour la promotion et la recherche en informatique libre, créée en 1996 sur une ligne proche de celle de la FSF. Site web : `www.april.org` .

AT&T : *American Telephone & Telegraph.* Entreprise américaine équivalente à France telecom en plus gros.

Bazar : terme utilisé par Eric Raymond dans son livre *La Cathédrale et le bazar* pour désigner l'organisation du développement d'un logiciel libre. Dans ce modèle, de nombreux programmeurs ou petits groupes de programmeurs travaillent séparément sur le logiciel. Le « bazar » est présenté comme peu organisé mais souvent très créatif.

Bell labs : département de la recherche et du développement de AT&T, créateurs du langage C et du système d'exploitation Unix.

Bêta-testeur : personne réalisant des tests et des recherches d'erreurs dans la version bêta d'un logiciel, c'est-à-dire une version déjà opérationnelle mais encore imparfaite.

Bibliothèque : composant d'un logiciel contenant des fonctions ou des instructions qui peuvent être appelées par divers autres logiciels. Les fichiers « .dll » sous Windows et « .so » sous Linux sont des bibliothèques.

Binaire : suite d'instructions élémentaires d'un logiciel, illisibles par l'homme mais exécutables par le processeur d'un ordinateur. Elles sont produites à partir du code source par la compilation. Les fichiers « .exe » sous Windows et les applications sous MacOS sont des binaires.

BIND : *Berkeley Internet Name Domain*, nom du principal logiciel libre qui gère le système DNS, c'est-à-dire les adresses sur Internet.

BitKeeper : nom d'un logiciel propriétaire qui était utilisé pour suivre les évolutions du code source de Linux, jusqu'à ce qu'un conflit juridique entraîne la fin de la collaboration entre les équipes de développement de ce système d'exploitation et l'éditeur de BitKeeper.

BSD : *Berkeley Software Design.* Ensemble de projets informatiques de l'université de Berkeley en Californie, financés à l'origine sur des crédits de recherche du ministère de la Défense américain. Ils incluent une licence libre, la licence BSD, et un projet de développement d'un système d'exploitation qui est devenu un logiciel libre à partir de 1992 et qui a par la suite abouti aux trois systèmes OpenBSD, FreeBSD et NetBSD.

Bug : erreur dans un programme. Ce terme est utilisé aux États-Unis dans le sens d'erreur depuis le XIXe siècle. On écrit parfois aussi « bogue » en français. *Bug* en anglais signifie également « punaise » (l'animal) : on attribue souvent à tort l'origine du mot, dans le sens d'« erreur informatique », à un insecte qui a fait griller un composant dans un des premiers ordinateurs, l'ENIAC, en 1947.

Cathédrale : terme utilisé par Eric Raymond dans son livre *La Cathédrale et le bazar* pour désigner le mode de fonctionnement interne d'une entreprise qui édite des logiciels. La cathédrale ne désigne donc pas le produit fini, le logiciel, mais le mode d'organisation de l'équipe qui le développe.

Code source : le code source est la suite des commandes d'un logiciel que le programmeur écrit sur son écran. Elles sont lisibles par un professionnel ou un amateur averti, mais pas directement exécutables par l'ordinateur. Le code source est traduit en code binaire par la compilation.

Commentaires : mentions écrites par le développeur dans le code source d'un logiciel et destinées à en faciliter la lecture. Les commentaires ne sont pas traités par la compilation et il n'en reste aucune trace dans le code binaire.

Compilateur : logiciel dont la fonction est d'effectuer la compilation.

Compilation : transformation du code source d'un logiciel en code binaire.

Copyleft : jeu de mot sur le terme *copyright* qui se traduit par droit d'auteur et *left*, « laissé » ; le *copyleft* est donc le « gauche d'auteur » mais peut également se traduire par « copie laissée ». Ce principe inclus dans certaines licences libres consiste à dire que si un morceau de code issu d'un logiciel sous *copyleft* est intégré à un autre projet, alors l'ensemble

du projet résultant passe automatiquement sous la même licence libre. Ce système est parfois qualifié par ses détracteurs de « VIRALITÉ » ou de « licence virale » car le code libre va « contaminer » le logiciel dans lequel il est recopié et le transformer en logiciel libre. Attention : cette idée n'a rien à voir avec la notion de virus informatique.
Le *copyleft* est parfois représenté avec un symbole *copyright* à l'envers : 🄯

Coût de sortie : ensemble des difficultés occasionnées par l'abandon d'un système ou d'un logiciel. Elles sont liées au fait de devoir se passer de fonctions ou de prestations offertes par le système en question. Par exemple, l'abandon d'un logiciel propriétaire utilisant des formats de données non standards pour passer à un logiciel libre peut nécessiter de transférer les anciennes données dans un nouveau format, ce qui peut être une opération longue, complexe et/ou chère.

Cybercommunisme : expression due à R. Barbrook et présentée dans son ouvrage *The Californian Ideology*. Cela se réfère à l'idée (fausse) suivant laquelle les acteurs du logiciel libre seraient uniquement motivés par des raisons purement idéologiques et opposés au fonctionnement d'une économie de marché.

Débogueur : logiciel destiné à décomposer le fonctionnement d'un autre logiciel afin de l'étudier. Un débogueur sert en premier lieu à trouver et corriger les erreurs (bugs ou bogues) dans un programme. C'est aussi un composant essentiel de l'opération de désassemblage.

Debian : nom d'une distribution de Linux et de l'association à but non lucratif qui la diffuse. Site web : `www.debian.org` .

Désassemblage : action de tenter de reconstituer le code source d'un programme à partir du binaire. Cette opération n'est réalisable que par des informaticiens chevronnés et très spécialisés. Elle peut prendre un temps considérable (des semaines ou des mois de travail). Le désassemblage d'un logiciel propriétaire n'est souvent pas autorisé.

Développement : programmation d'un logiciel. La personne qui écrit le code source est donc un « développeur ».

DNS : *Domain Name System*, « système de noms de domaine ». C'est le mode d'identification des ordinateurs reliés par Internet.

Domaine public : en droit de la propriété intellectuelle, ensemble des œuvres sur lesquelles il n'y a pas de droits d'auteur à payer (en droit européen, c'est à partir de soixante-dix ans après la mort de l'auteur, ou parce que l'auteur en a décidé ainsi).

Emacs : nom d'un logiciel d'édition de texte du projet GNU. L'auteur qui a lancé Emacs est Richard Stallman.

Ergonomie : facilité d'utilisation d'un système ou d'un logiciel.

EULA : *End User License Agreement*, « contrat de licence de l'utilisateur final ».

Firefox : nom du logiciel libre de navigation web du projet Mozilla, concurrent de Internet Explorer. Téléchargeable gratuitement sur `http://frenchmozilla.sourceforge.net` .

Fork : subdivision du développement d'un logiciel libre en deux logiciels différents suite à des désaccords parmi l'équipe de programmeurs sur les choix techniques à effectuer.

Free software : expression anglaise pour désigner les logiciels libres, historiquement très liée à l'approche militante de la *Free Software Foundation* (FSF). La notion de *free software* est comprise par une minorité d'informaticiens comme incluant la notion de *copyleft*.

Freeware : logiciel propriétaire gratuit (par exemple, disponible en téléchargement sur Internet). Le logiciel propriétaire

Kazaa, destiné à effectuer des téléchargements de fichiers sur Internet, est un *freeware*. Le terme français académique correspondant est « graticiel ».

FSF : *Free Software Foundation*, ou en français « Fondation du logiciel libre ». Site web : `www.fsf.org` . Cette association, créée par Richard Stallman en 1985, a pour vocation d'assurer la promotion des logiciels libres, de la transparence des systèmes informatiques et de la libre circulation de l'information. La FSF est également l'organe de diffusion commerciale des logiciels du projet GNU.

Le logo d'origine de la FSF

Gator : sous-programme de plusieurs *freewares*, y compris Kazaa. La fonction de Gator est d'afficher toutes sortes de publicités.

GCC : nom du compilateur libre du langage de programmation C. Il est issu du projet GNU et son auteur principal est Richard Stallman.

GDB : nom du débogueur libre écrit à l'origine par Richard Stallman pour le projet GNU.

GFDL : *Gnu Free Documentation License*, « licence libre GNU de documentation », destinée à encadrer les modifications de la documentation du projet GNU. La GFDL fonctionne notamment avec un système de parties invariantes, que l'on ne peut pas modifier et que l'on ne peut réutiliser qu'en un seul morceau.

Gimp : *Gnu Image Manipulation Program.* Nom d'un logiciel libre d'édition et de retouche d'image, concurrent d'Adobe

Photoshop. Gimp est téléchargeable gratuitement sur le site `www.gimp-fr.org` .

Gnome : interface graphique pour Linux, qui permet de donner à ce système une ergonomie et un design comparables aux principaux systèmes d'exploitation commerciaux.

GNU : *Gnu is Not Unix*, « Gnu n'est pas Unix », projet de création d'un ensemble de logiciels libres lancé par Richard Stallman en 1983. Site web : `www.gnu.org` .

GPL : *General Public License*, « licence publique générale ». Licence libre publiée par la *Free Software Foundation* (FSF) en 1989 (version 1) et modifiée en 1991 (version 2, la plus utilisée aujourd'hui). Une nouvelle version est actuellement envisagée par la FSF. 70% des logiciels libres sont sous licence GPL. Cette licence applique le principe du *copyleft.*

IDEALX : société française spécialisée dans les services informatiques sur logiciels libres. Site web : `www.idealx.com` .

IIS : logiciel de serveur web de Microsoft.

IP : *internet protocol*, système de transmission des données inventé par Vinton Cerf et Robert Kahn en 1974 pour le réseau Arpanet, l'ancêtre d'Internet. IP est toujours utilisé sur Internet, à qui il a donné le début de son nom.

Kazaa : logiciel *freeware* de téléchargement de fichiers sur Internet, financé par l'affichage de publicités gérées par son sous-programme Gator.

KDE : interface graphique similaire à Gnome.

LGPL : au début des années 1990, *Library General Public License*, « licence publique générale de bibliothèques », puis devenue *Lesser General Public License*, « licence publique moins générale ». La LGPL est une licence libre dérivée de la GPL mais comportant une clause de *copyleft* moins contraignante permettant d'intégrer des bibliothèques libres dans un ensemble qui ne l'est pas. Un peu plus de 10 % des logiciels libres sont sous licence LGPL.

Licence : contrat entre l'auteur ou l'éditeur d'un logiciel et l'utilisateur, définissant les droits, les obligations et les limites de la responsabilité des parties. On écrit *License* en américain.

Licence libre : licence d'un logiciel permettant l'accès au code source et son utilisation, y compris sa modification et le droit de redistribuer des versions modifiées ou non du logiciel.

Linux : système d'exploitation entièrement libre inventé par Linus Torvalds en 1991 et publié officiellement sous ce nom pour la première fois en 1994. On parle parfois de GNU/Linux pour désigner le noyau du système d'exploitation Linux assorti d'un certain nombre de logiciels issus du projet GNU.

Logiciel : ensemble d'instructions permettant de commander un système informatique. Word et Outlook, par exemple, sont des logiciels.

Logiciel libre : logiciel dont les utilisateurs ont accès au code source et soumis à une licence libre.

MacOS : nom de la série des systèmes d'exploitation livrés par Apple sur ses ordinateurs des marques MacIntosh, Imac, Powerbook et Ibook.

Mandriva : nom d'une distribution de Linux et de la société qui la diffuse, fusion en février 2005 des sociétés Mandrake et Connectiva. Site web : `www.mandrivalinux.com/fr` .

Minix : système d'exploitation créé dans les années 1980 par A. Tannenbaum, célèbre professeur d'informatique de l'université d'Amsterdam. Minix est principalement destiné à être un outil pédagogique pour la formation des étudiants en informatique. Linus Torvalds s'en est inspiré pour son projet Linux. Minix, bien que disponible avec son code source, n'était pas un logiciel libre (il était interdit de redistribuer d'éventuelles modifications) jusqu'à son passage sous licence BSD en avril 2000.

Mono : nom d'une architecture libre destinée à rendre compatible le développement de logiciels libres avec la plate-forme .NET de Microsoft.

Mozilla : nom d'un projet libre issu de la diffusion libre du code source de Netscape en 1998, qui a donné notamment les logiciels Firefox pour surfer sur le web et Thunderbird pour lire le courrier électronique. Ils sont téléchargeables gratuitement sur `http://frenchmozilla.sourceforge.net` .

MySQL : nom d'un logiciel libre de gestion de bases de données informatiques.

Navigateur : logiciel destiné à lire les pages web, dit aussi « butineur ». Exemples : Internet Explorer, Firefox.

.NET : nom d'un ensemble de logiciels de développement de programmes commercialisé par la société Microsoft.

Netscape : société américaine notamment éditrice des navigateurs web Netscape Navigator et Netscape Communicator. Netscape a vu ses parts de marché fondre après la sortie de Windows 95 dans lequel le navigateur concurrent Internet Explorer était fourni en standard, et a décidé en 1998 de diffuser sous licence libre le code source de ses logiciels, ce qui a engendré le projet Mozilla.

OpenOffice : nom d'un logiciel libre de bureautique (traitement de textes, tableur, etc.) équivalent de Microsoft Office et disponible pour de nombreux systèmes d'exploitation différents. Le projet *Moxie study* a estimé, grâce à des téléchargements aléatoires de fichiers sur Internet en janvier 2003, qu'OpenOffice était compatible avec 97 % des fichiers issus de traitements de textes, 98 % des feuilles de calcul et 94 % des présentations. OpenOffice est téléchargeable gratuitement sur le site `www.openoffice.org` .

Open source : expression anglaise pour désigner les logiciels libres. Le terme *open source* est historiquement très lié à la démarche de marketing des logiciels libres initiée par l'association OSI.

OSI : *Open Source Initiative*, ce que l'on pourrait traduire en français par « Initiative pour les logiciels en code source ouvert ». Association fondée en 1998 par Bruce Perens et Eric Raymond avec l'objectif de promouvoir les logiciels libres auprès des acteurs économiques traditionnels. De nombreuses informations sur les logiciels libres sont disponibles sur le site web de cette association : `www.opensource.org` .

Perl : nom d'un langage de programmation très utilisé dans le monde du logiciel libre. Les outils permettant d'utiliser Perl sont libres, gratuits et téléchargeables sur `www.perl.com` .

Pilote : dit aussi *driver*, logiciel fourni avec un périphérique matériel et permettant au processeur de communiquer avec lui.

Programme : synonyme de logiciel, désignant souvent plus précisément le code source.

Propriétaire : adjectif désignant un logiciel diffusé uniquement sous forme binaire et dont le code source reste la propriété et le secret professionnel de l'auteur ou de l'éditeur. Propriétaire n'est pas exactement le contraire de « libre » puisqu'il existe des logiciels dont le code source est disponible mais que l'on ne peut pas modifier et redistribuer, comme Minix avant avril 2000, PGP ou Java[1]. C'est aussi le cas de de certains logiciels Microsoft[2].

Propriété intellectuelle : système juridique permettant de protéger les créations originales en attribuant à l'auteur, du

1. La *Sun Community Source License* (SCSL) du logiciel Java de Sun Microsystems permet de distribuer le code gratuitement mais impose de payer une commission à l'éditeur d'origine pour chaque copie vendue.

2. La MSSI ou *Microsoft Shared Source Initiative* constitue un projet très innovant de Microsoft qui diffuse certaines parties du code source de ses logiciels à des utilisateurs triés sur le volet et qui s'engagent à ne pas le redistribuer.

seul fait de sa création, des droits permanents sur le fruit de son travail.

Python : langage de programmation libre créé par Guido Van Rossum.

RedFlag : nom de la version chinoise de la distribution de Linux RedHat, et de la société chinoise qui la diffuse.

RedHat : nom d'une distribution de Linux et de la société qui la diffuse. Site web : `www.fr.redhat.com` .

Samba : nom d'un logiciel libre de partage des ressources en réseau, compatible avec Linux et Windows NT serveur. Samba est téléchargeable gratuitement sur `www.samba.org` .

Sendmail : nom d'un logiciel libre de routage du courrier électronique.

Shareware : logiciel propriétaire que l'on peut obtenir gratuitement pour le tester mais dont les fonctions sont limitées ou qui devient payant si on en fait usage au-delà d'une certaine période d'essai. Le logiciel Winzip est un *shareware*. Le terme français académique pour désigner ce type de logiciel est « partagiciel ».

Spam : courriers électroniques publicitaires et indésirables.

SpamAssassin : nom d'un logiciel d'identification et de destruction de spam.

SuSE : nom d'une distribution de Linux éditée par la société Novell. Site web : `www.suse.de/fr` .

Système d'exploitation : logiciel à la base du fonctionnement de l'ordinateur, servant à afficher les fenêtres, gérer les fichiers, etc. Un ordinateur ne peut pas fonctionner sans système d'exploitation. Exemples : MacOS X, Windows XP, Linux, Unix, OpenBSD, etc.

TCO : *Total Cost of Ownership*, « coût total de possession d'un logiciel », incluant le coût d'achat, mais aussi les coûts d'installation, de formation, de maintenance, et le coût entraîné par les pertes de temps ou de données dues aux pannes.

TeX : nom du logiciel libre d'édition et de mise en page de textes créé par Donald E. Knuth. De nombreuses fonctions complémentaires ont été écrites pour ce logiciel, l'ensemble constituant le projet LaTeX.

Thunderbird : nom du logiciel libre de courrier électronique du projet Mozilla, concurrent de Microsoft Outlook. Thunderbird peut être téléchargé gratuitement sur le site web : `http://frenchmozilla.sourceforge.net` .

Viralité : synonyme péjoratif de *copyleft*.

Web : *World Wide Web* (littéralement, en français, « toile mondiale »). Ensemble de toutes les pages accessibles sur Internet et affichables à l'aide d'un navigateur. Peut être utilisé comme un nom propre ou un adjectif.

Windows : nom de la série des systèmes d'exploitation développés par Microsoft et vendue en standard avec la plupart des ordinateurs de type PC.

Winmodem : abréviation de « Windows modulateur démodulateur ». Il s'agit d'un appareil qui permet à un ordinateur sous Windows de se connecter à Internet via une communication téléphonique. C'est donc quasiment la même chose qu'un modem analogique « normal » sauf qu'une partie des fonctions réalisées par l'électronique du modem analogique sont effectuées par le logiciel Windows dans le cas du winmodem. Ce dernier est donc légèrement moins cher, grâce aux économies réalisées sur les composants, mais ne fonctionne qu'avec un système d'exploitation Microsoft.

Dans la même collection

Qu'avez-vous pensé de ce livre ?

– A-t-il répondu à vos attentes ?

– Était-il instructif ? pratique ? stimulant ?

– Vous a-t-il permis de passer à l'action ?

Dites-nous ce que vous avez aimé et ce qui vous a manqué, ce que nous faisons bien et ce que nous pourrions améliorer. Votre avis nous est précieux !

Tous les courriers sont étudiés par l'auteur et par l'équipe éditoriale.

Écrivez-nous également si vous aimeriez évaluer les manuscrits avant leur publication, participer à l'écriture d'un livre, ou pour nous demander de traiter un thème.

contact@H-K.fr

H&K

www.H-K.fr